1日3分!
「育児日記」を英語で書こうよ!

In Only Three Minutes a Day!
Write Your Child-Rearing Diary in English.

Yoko Ueno

上野陽子

TAC出版

はじめに

　子どもが生まれる前は、映画や舞台を見たり、友人と食事や買い物をしたりと、あちこちに出かけていました。仕事でもたくさんの人に会ったり、取材でいろいろな国に出かけたり……。そんなことが「大人の楽しみ」だと思っていました。
　でも、今年3歳になる娘の世話を通して、またひとつ違った「大人の楽しみ」を見つけたように思います。
　小さかった赤ちゃんがぐんぐん大きくなって、昨日はできなかったことが今日はできるようになる。その成長を見守って大切に育んでいくことが、創造的で、忘れていたことを思い出し、子どもと一緒に世界が広がっていく、とても豊かな時間に感じられるのです。きっと、親になった人なら誰しもが感じることかもしれません。
　笑った、転がった、話した……なんて、大人にしてみれば何でもないことが、子どもには大偉業！　どんな瞬間も見逃さないようにカメラをかまえて、自分の感動を短い日記にまとめてきました。
　ところが、子どもの成長が楽しみな反面、以前のように自由に外出する機会も減り、どこか社会からおいてきぼりをくらったような気分になるママも多いのではないでしょうか。私もそんなことを少なからず思ったこともありました。
　そこで、自分でも何か1歩ずつ進んでいけるようにと、日記を英語にして表現を思い出したり、新しい言葉を身につけることにしました。
　私にとっては海外の学校でも仕事でも、日常的に使ってきた

英語。それを忘れないように、もっと上達できるようにと思ったのです。

でも、子育ては日本語ですら"初めて"の連続！　だから、英語だって本で読んだり、友人に聞いたりしてイチから学び直しで、知らない言葉がたくさん。しかも、娘を追いかけまわして疲れたり、夜泣きで眠れない日々……。

そんな中で、毎日1歩ずつ前進する子供の姿に勇気をもらい、子育ても英語も、日々こなれてきました。

この本は、私の経験をもとに、多くの方に、なるべく簡単に、少しでも豊かな言葉で、子どもの成長を英語で書き残せる参考になれば、と思い書き記したものです。ママ、そして、パパにも「英語」というひとつの自信が身についていくようにと。

内容は、言葉を入れ替えるだけの文章、応用がきく例文、辞書では見つからない子育てや日常の言葉……そんなフレーズをできるだけたくさん入れることを心掛けました。

英語日記は「子どもの成長記録」＋「ママ・パパの英語の成長記録」です。毎日少しずつ、できるときにひと言ずつ書きつづってみてください。次のページには私の育児日記を少しだけ公開しています。みなさんの参考になりましたら幸いです。

子どもと一緒に、自分も成長できる英語日記、ぜひ楽しみながらはじめてみてください。

2010年3月
上野　陽子

私の育児日記公開

ちっちゃな女の子がやってきた

2007年4月17日
15時39分 晴れ
誕生の日

April 17, 2007　15:39
Sunny
The birthday

A little girl has arrived.

A tiny girl has arrived on April 17 at 15:39.
She is my first child.
Her name is Youka, a sweet flower.
I hope that the world will become a more comfortable place to live for all children.

4月17日15時39分
ちっちゃな女の子がやってきました。
私の初めての子供です。
名前は優しい花と書いて「優花」。
世界が子供たちにとってもっともっと住みやすい場所になりますように。

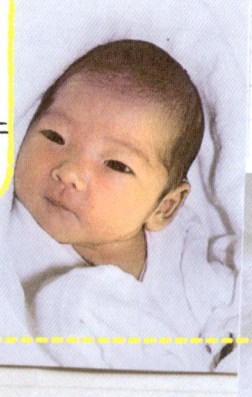

She was born at 3328g.
She is a tiny but big girl for a baby.

3328グラムで生まれました。
ちっちゃいけれど赤ちゃんとしては大きな女の子です。

The picture is taken three hours after she was born.
She seems like a monkey just like the others.

生まれて3時間後に撮った写真です。
やっぱりお猿さんみたい。

> たくさん
> ニコニコ

> 3月31日 晴れ
> すっきり青空

March 31,
Sunny. clear blue sky

Start smiling very often

Youka smiles often these days.
I found that when she doesn't smile,
I just tickle her armpit and she gives me a big smile.
Say cheese! Are you smiling or does it tickle?

Say cheese!

> 優花は最近
> よくニコニコするようになった。
> 彼女が笑わないときは
> 脇の下をくすぐると
> おっきな笑顔になることを発見!
> ハイ、チーズ。ニコニコ?
> それともくすぐったい?

I also found a smiling switch
around the belly button. Press
around it, she can't stop smiling.

> おへそ辺りにも
> "ニコニコスイッチ"が。
> 押すと、笑わずには
> いられません。

初めての海！

8月14日
晴れ

Aug. 14, Sunny

The very first visit to the sea

There is plenty of sand and water you love.
As if you are playing in an endless sandbox
and pool, aren't you?

大好きなお砂と
お水がたーくさん。
まるで どこまでも続く
お砂場とプールで
遊んでいるみたいでしょ？

お空に向かって
手を伸ばして
何をつかもうと
しているの？

Stretching up your hands
towards the sky, what are
you going to grab?

じゅんび
ばんたん!!

I'm ready !

Youka pretended to relax on the beach deck.

ビーチデッキで
"リラックス"のフリ
してみました。

Chocolate Pebble's!?

石ころチョコ?

この本の使い方

　いろんな方向から書きたい内容を探し出せる構成と、名前や単語などを入れ替えるだけで簡単に文章が作れるような例文になっています。
構成は、

- 第1章　英語での日記の書き方、天気や日にちの表現、時間や場所の表し方、よく使う・応用がきく基本構文
- 第2章　月齢別・日記の実例集と応用例文
- 第3章　日常の感情表現
- 第4章　そのまま使える表現付きの単語集

　　　　となっています。

表現を探す方法

＊月齢から──あてはまる出来事を探す。
＊目次から──自分が書きたい表現を「食事」「遊び」などの分野から見つける。
＊基本構文から──表現を選んで使う。
＊単語集から──単語をよく使うフレーズにはめ込んで文を作る。
＊感情表現から──ぴったりの気分をさがす。
＊読んだページから──自分なりの表現に応用する……ほか

　そのときの気持ち、出来事、行動など、必要に応じて、使いやすい方法を見つけて本を活用してみてください。

※ 本書はアメリカ英語に基づいています。

1日3分！「育児日記」を英語で書こうよ！

Contents

はじめに *2*
私の育児日記公開 *4*
この本の使い方・表現を探す方法 *8*

第1章 英語で育児日記を書くために *15*

気楽に英語で書くために *16*
日付の書き方 *24*
天気・気候 *25*
時の前置詞 *26*
場所の前置詞 *27*
その他の前置詞 *28*
おさえておきたい基本構文30 .... *30*

1 ～があった
　had～・There was／were～ *30*

2 初めて～した
　It was the first time to 動詞の原型 *31*

3 ～したい
　I would like to 動詞の原型 *32*

4 ～な日だった
　It was ～day *33*

5 ～した
　I did ～ *34*

6 ～へ行った
　I went to ～ *35*

7 ～だといいな
　I hope to 動詞の原型
　I hope that 主語+動詞 *36*

8 ～だったらよかったのに
　I wish *37*

9 ～しなければならない
　I have to 動詞の原型 *38*

10	〜かしら I wonder why 主語 + 動詞	*39*
11	〜せずにはいられない can't help 〜ing	*40*
12	早く〜しないかな I can't wait to 動詞の原型	*41*
13	〜が楽しみだ I can't wait for 名詞 I'm looking forword to 〜ing	*42*
14	〜してうれしかった I was happy to 動詞の原型	*43*
15	〜して楽しかった It was fun to 動詞の原型	*44*
16	すごく〜だった How (What) 形容詞 + 主語 + 動詞の過去形 なんて〜なの What (a) 名詞／How 形容詞	*45*
17	（人）を（場所）に連れて行った took (人) to (場所) （人）を（場所）連れて行くつもりだ will take (人) to (場所)	*46*
18	〜な気がした I felt like 〜ing	*47*
19	〜したほうがいいな It would be better to 動詞の原型	*48*
20	〜できるのはいつかな When will it be 〜 When will 主語 + 動詞	*49*
21	〜とわかった I found that 主語 + 動詞	*50*
22	〜して困った I was in trouble 〜して気恥ずかしい I was embarrassed〜	*51*
23	〜するのはやめよう I will stop 〜ing	*52*
24	〜しておくべきだった I should have 動詞の過去分詞	

	～すべきでなかった I shouldn't have 動詞の過去分詞	53
25	～が心配だ I care for (about)～ I worry about ～	54
26	気をつけなくては I have to be careful ～に気をつけよう I have to be careful to 動詞の原型	55
27	もう少しで～するところだった I almost 動詞	56
28	～して忙しかった I was busy ～ing ～で忙しい I was busy with 名詞	57
29	思ったより～だった It was 比較級 than I thought	58
30	いつ～するのがいいのかな When should I 動詞の原型?	59

コラム 出産後の英語日記 60

第2章 月齢別・1日3分で書ける！育児日記の実例集 61

0～1ヵ月 62

産声を聞いて	62	抱っこでネンネ	68
生まれたときの様子	63	沐浴中！	69
名前を決めて	63	おへその消毒	69
初めてのおうち	64	湿疹が出た	70
おっぱい大好き	64	胸が張った	70
ミルクは人肌	65	汗っかき	71
おむつ替え	65	音にビクッ！	71
おむつかぶれ	66	夜泣き	72
便秘に下痢	66	おじいちゃん・おばあちゃん	72
よしよし	67	体調がいまひとつ	73
手足をバタバタ	67	ダイエット中！	73
スヤスヤ眠る	68	1ヵ月検診	74

♥ 子どもが生まれたときから1ヵ月、ママの気持ち 75

1～2ヵ月 76

お宮参り	76	指をおしゃぶり	79
すくすく育って	77	寝ている間に…	80
お日さまに当たって	77	あ、笑った！	80
公園でお散歩	78	ニコニコな子	81
ママのお友達	78	初めての抱っこひも	81
名前がわかるんだ！	79	昼も夜も区別なし	82

♥ 子どもが1～2ヵ月、ママの気持ち 83
コラム 子どもと英語のお話 84

2～3ヵ月 85

ママらしくなったかな	85	生活にリズムが！	88
エビぞりに、キック！	86	お散歩にワクワク	89
声をたくさん出すように	86	表情が豊かに	89
ご機嫌な1日	87	声を出すように	90
目で追いかけて	87	パパもすっかり慣れて	90
おしゃぶり、大好き！	88	夕方になぜ泣くの？	91

♥ 子どもが2～3ヵ月、ママの気持ち 92

3～6ヵ月 93

首がすわって	93	おもちゃに手を伸ばして	99
飛行機のポーズ!?	94	いない、いない、ばあー！	99
寝返りした！	94	たかい、たか～い！	100
ずりばいで前進！	95	お食い初め	100
爪をパチン	95	離乳食作り	101
授乳のリズム	96	離乳食で遊んじゃった	101
眠くなるとぐずぐず	96	初めての果汁	102
あ、握った！	97	危ない！	102
自分の手をじっと見て	97	予防接種に大泣きで	103
鏡の中の自分	98	チャイルドシートでドライブ	103
ひとりでお座り	98		

♥ 子どもが3～6ヵ月、ママの気持ち 104

6ヵ月～1歳 105

ハイハイ、早い早い！	105	お座りだって完璧！	108
立った、立った！	106	そろり、伝い歩き	108
おともだちになった？	106	ママのあと追い	109
パパとふたりでお出かけ	107	ガーゼで歯磨き	109
ぐるぐるいたずら書き！	107	ひとりで立った！	110

よだれがいっぱい！............111	ママの携帯ラブ☆...............114
お菓子をつまんで...............111	ティッシュの山が................115
自分で飲んだ！..................112	薬で戦い..........................115
歯が生えた！.....................112	ストローで飲めた！............116
これはボクの！..................113	風邪ひいた？....................116
はくしゅ～！....................113	どうして食べないの？.........117
バイバイ..........................114	手づかみでゴハン................117

1〜2歳 118

お誕生日おめでとう！.........118	歯磨きするよ～..................123
フォト・スタジオにて..........119	あれ、好き嫌い？...............124
3歩、あんよ！..................119	着せ替え人形みたい！.........124
歩き出した......................120	お風呂で水あそび...............125
靴を探して......................120	ブロック遊び....................125
お庭でお散歩...................121	お片づけ..........................126
ママって言えた！..............121	初めての海！....................126
お花を指さし...................122	海外旅行にいこう！............127
そろそろ卒乳？.................122	飛行機の対策....................127
食欲旺盛！......................123	

コラム ベビーとの海外旅行 128

2〜3歳 129

ついに来た！イヤイヤ期......129	ふたりでおしゃべり.............133
魔の2歳児........................130	お手伝い？それとも邪魔？...133
服と悪戦苦闘！.................130	トイレ・トレーニング.........134
ママも走るぞ！.................131	おままごと........................134
クレヨンでぬり絵..............131	ぶらんこ、すべり台、鬼ごっこ...135
靴が履けた！...................132	お稽古ごとしたい？............135
三輪車に乗って................132	

コラム ちょっと遠くにお出かけ 136

第3章 日常の感情表現 137

😊 うれしいとき 138
うれしい138　気分の高揚138　感動・感心139　感謝139

😊 はげますとき・ほめるとき 140
はげます140　元気が出るフレーズ140
ハッピーになれるフレーズ141　ほめる142
外見をほめる143　やったこと・行動をほめる143

😤 いらだち ……………………………………… *144*
いらだち*144*　怒り*144*　うんざり*145*

😢 悲しいとき・落ち込んだとき ……………… *146*
悲しい・泣きたい*146*　落ち込み*146*　憂鬱*147*　散々な思い*147*

コラム④ 街中での困った! ……………………… *148*

第4章 日記で使える単語・表現集 …… *149*

ベビーグッズ ……………………………………… *150*
部屋の中*150*　お出かけグッズ*151*

小児科用語 ………………………………………… *151*
アレルギー*151*　肌*152*　不調*152*　気持ちが悪い*152*
胃・おなかが痛い*152*　頭・顔*153*　鼻と耳*153*　目*153*
口と喉*153*　足*154*

測定・成長 ………………………………………… *154*
測定*154*　成長*154*

体の名称 …………………………………………… *155*
体*155*　顔*156*　目*156*

おうちの中 ………………………………………… *156*
あれこれ*156*　キッチン*157*

食べ物 ……………………………………………… *158*
主食*158*　副菜*158*　野菜*159*　肉*159*　魚介*160*

料理 ………………………………………………… *160*

お出かけ先 ………………………………………… *161*
施設*161*　レジャー*162*　公園*162*

家族・親戚 ………………………………………… *163*
家族構成*163*　親戚*163*

ベビーの動作 ……………………………………… *164*
表情*164*　目の動き*164*　口の動き*165*　いろいろな動き*165*

子どもの気質 ……………………………………… *166*

なだめる言葉とママの動作 ……………………… *167*
なだめる言葉*167*　ママの動作*168*

ママの問題 ………………………………………… *169*

英語で育児日記を書くために

♡ 気楽に英語で書くために

1. おしゃべり相手を思い浮かべる

「ねえ、聞いて聞いて！」というとき、心の中にあることが、あふれるように出てくるものです。「あれも伝えたい」「これも話したい」……という風に。こうした気持ちは、言葉を通してはじめて、ほかの人に届きます。

　言葉ってコミュニケーションの道具。

　それは、日本語でも英語でも、どんな言葉も同じことです。

　だから、スラスラ書くためには、まず「伝えたいこと」を考えて、それから「伝えたい相手」を思い浮かべてみると効果的。友達はもちろん、ダンナさまでも、大きくなったときの子どもをイメージしたっていいんです。

　こうするだけで、「こんなことがあってね」と伝えたい言葉が浮かんで、どんどん書きたくなるはず。

「英語が早く上達するコツは？」と聞かれたとき、私はいつも「おしゃべりになることです！」と答えます。日本語でよくしゃべる人ほど、英語でもみるみる上達するんです。

　なぜでしょうか？　それは、思いつくことを相手に伝えたいのに、うまく伝えられず、そのもどかしさをバネに、どんどん英語という言葉を覚えていくからです。

　そして、これは書くときも同じ。伝えたいのにうまく言葉にできない気持ちが、ぐんぐん英語力に磨きをかけてくれます。

　まずは、「日記」というよりも、自分の「おしゃべりノート」と考えてみましょう。

おしゃべりなら、少しくらい間違えたって大丈夫。誰も気にしません。伝えたい内容もどんどん浮かぶから、楽しんで英語にも取り組めます。

2. たくさん書かない！　がんばりすぎない！

最初はゆっくり、ウォーミングアップ。ひと言から、1行。1行から、2行……。

書きたくない日は書かずに、英語がイヤな日は日本語で。余裕があるときには辞書を引いて、わからないときはそこだけ日本語。日本語の育児日記で、冒頭だけタイトルみたいに英語で書いたり、写真を貼って、それにひと言そえてみるのもいいですね。

こんな感じでではじめてみると、「楽しみ」として続けられると思います。

3. 何をどんな風に書こうか……

日記を続けるには、自分の個性に合わせて続けやすい方法を選ぶのがオススメ。

ひとつには「ノート」があります。少しずつ、白いページを文字で埋めて、ときには行った場所のチケットなんかも一緒に貼って。「やった、半分までいった」「1冊終わった！」と、分量が感じられて、達成感が得られます。毎日紙をめくっていくのも、とても楽しいものです。

それから「ブログ」。書くたびに、知らない人からもコメントをもらえるので、やりがいがあります。PCでも携帯でもアップできるから、ちょっと手があいたときにどこでもできる手ごろ感も魅力。

そして「mixi」や「twitter」ような「SNS（ソーシャル・ネットワーキング・サービス）」。一種のブログのようなものですが、参加者同士のお友達感が強いのが特徴。周りの反応が一番得やすい場所なので、まさに道ばたでおしゃべりしているような感覚で日記が書けます。
　自分にぴったりの書く場所を見つけるのも、英語で日記を続ける秘訣です。

4. 思い浮かべる日本語をシンプルにする

　伝えたい、書きたいことが決まったら、それを英語にしていきます。でも、多くの場合は、自分の日本語の力に英語が追いつかないもの。
　以前、私と同じ学校に、とても頭のいい日本人男性がいました。頭がいいのだから、きっと英語もすごく早く上達すると思いますよね？　ところが、彼はとても英語が苦手。なぜなら、考えることや、浮かぶ日本語がむずかしくて、うまく英語にできなかったからなんです。
　逆に、私みたいな単純思考のほうが、会話の上達は早かったように思います。
　たとえば、料理の説明で「芳醇な香り」なんていわれたら、さて、どんな風に説明したらいいかあわててしまいます。でも、「いい匂い」と思えば「good smell」ですぐに解決。自分の手におえる範囲の言葉になるんです。
　たとえば、次のふたつの日本文を比べてみましょう。
「遠足が開催された。満喫した」
「遠足に行った。楽しかった」
　同じことを言っているけれど、どちらが英語にしやすいか、一目瞭然。

「小学生が英作文をしているみたい」なんて思わずに、まずは思い浮かべる日本語をシンプルなものにしてみましょう。それが、英語日記の第一歩です。

5. 英語で言えないときには、日本語を言いかえてみる

　シンプルな日本語を心がけていても、日本語を使いなれた大人なら、ついついむずかしい言葉も浮かんできてしまいます。
　そこで、もし英語にできない言葉が出てきたら、その日本語をなるべく簡単に置きかえてみることがオススメです。
「パーティに出席した」と日記を書きたいとします。
　さて、この「出席」は attend や present などいろいろな言い方が考えられます。でも、すんなり単語が浮かばない、単語の使い方がわからないことだってあるかもしれません。
　たとえば「出席した」を、「行った」と言いかえてみます。
「行った」ならば「go （went）」と英訳が簡単に浮かぶので、英訳は I went to the party と、これまた簡単な文章になります。英語であれこれ模索するよりも、日本語をひねるほうが、ずっと簡単。言いたい日本語の内容を、自分の英語のレベルにあわせて言いかえてみましょう。これだけで、英語の文章のスラスラ度が高まります。

6. 文章は短く

　日本語でも英語でも、文章が長くなるほど、その形がとらえにくくなります。
　たとえば、こんな文章があったとします。
「私は昨日、動物園へ行ったけれど、とても人が多くて疲れた」
　これを英語に直すと、

「I went to the zoo yesterday, but there were too many people and I got tired.」

　長くてもうお手上げです。では、この日本語を短く区切って、簡単な英文にしてみましょう。
「私は昨日動物園へ行った」「とても人が多かった」「疲れた」
「I went to the zoo yesterday.」「There were so many people.」「I was tired.」

　思い浮かべる日本語は短いほうが、英語にしやすいもの。長い文章は短く区切っていけば、こんなに英文が書きやすくなるんです。1文だった上記の言葉を3つに分けたら、もう立派な3行日記です。

7. 表現や角度を変えて柔軟に

　自分が思うような表現ができないことってあるものです。
　微妙なニュアンスで、「今すぐにでも行きたい」という表現を使いたいのに、その表現が見つけられない。そこで、日本語を言いかえて「早く行きたい」と変えてもピンとこない。
　そんなとき、本書の表現やサンプルの中にI'm looking forward to 〜 ing（〜を心待ちにしている）やI can't wait to do（早く〜しないかな。待ち遠しい）といった、ニュアンスが近い表現を見つけて使ってみることも大切です。
　なぜなら、英語と日本語は違う言語なので、100パーセント同じ意味の言葉で置きかえられるとも限らないからです。
　映画や本の翻訳などでも、英語と日本語でだいぶかけ離れていることがあります。カルチャーの違いや、そもそもその人の性格や立場をふまえて、「日本人ならこう言う」というニュアンスに置きかえられているのです。
　翻訳は、こうして訳した人の「解釈」が入ったうえで、言葉

が訳されていくわけです。

　自分で書くときも、日本語、英語ともあまりひとつの表現に固執せずに、柔軟な発想を大切に。

8. 基本表現を応用し覚える

　自分が使う言い回しというのは、日本語でも英語でも、およそ決まってくるものです。

　たとえば、携帯メールにひとつの単語を入れると、自分が使う可能性が高い文章候補がたくさん出てきます。

　しかも、使えば使うほど、その自分が使いたい言葉が上位にくるようになっています。

　こうして表示される候補がパターン化されていくので、メールを打つスピードだってぐんぐんアップしますよね。

　英語の日記でも、書くほどに自分の使う言い回しも決まってきて、「あれ、この表現、前にも使ったなー」というものが増えてきます。

　そう、一度使った表現は覚えてしまえば、次に使うときには文章の「候補」がスラスラと上がってくるわけです。

　学生時代に「基本構文」なんて覚えましたよね？　構文と聞くとなんだか堅苦しいけれど、つまりは「覚えておけば、ひとつひとつのフレーズを丸暗記せずに応用がきくもの」や「よく使うフレーズ」ということ。

　まずはこの本からフレーズを抜き出して応用したり、辞書で調べたり、自分で作ったりしながら、覚えてしまいましょう。

　頭の中にあるフレーズを応用すれば、書くスピードだってどんどん早くなります。

　もちろん、こうしたフレーズの蓄積は、英会話にも役立ちます。あらためて文法から勉強しなくても、正確に記憶をしてい

れば、文法の間違えだって気づけるようになるものです。

9. お気に入りの辞書を使う

　私も、日記を書くときにはよく辞書を使います。

　言葉を調べるのはもちろんのこと、たとえば、動詞は現在、過去、過去分詞と形を変えますし、「この形でいいかな」といった確認作業にも使えます。その言葉が数えられる名詞だったかとか、複数形の書き方は s だったか、es だったか …… などなど、あいまいなことはみんな調べます。

　しかも、辞書は例文の宝庫なんです。どんな風にその言葉を使ったらいいか、迷ったときに参考になる例文も見つかりますし、「そのままいただき！」といった表現だってたっぷり。

　まずは、昔使った紙の辞書をひっぱり出して、使いたい言葉を和英辞典で引いてみます。そして、今度は英和辞典でその言葉を引いて、その例文を使って自分で文章を作ってみましょう。

　もし手元にあるのが電子辞書なら、複数の辞書から一気に検索をしたり、調べた言葉の例文だけを表示させる機能は、ぜひ使いたい優れもの。

　そうした機能は作文の例題探しにぴったりです。複数の辞書から一気に関連性のある例文が並ぶので、自分が使いやすい文章を簡単に抜き出すことができます。

　また、インターネットには無料の辞書もたくさんあり、日常的な表現がたくさん見つかるページもあります。ヤフーなどで検索範囲を海外に設定すれば、その言葉を使ったブログやホームページも見つかります。

　辞書ではありませんが、フリーの翻訳機能やサイトもあります。辞書がわりに言葉を見つけてくれますから、たまには手抜き。こんな機能を参考に、英語を書いてみるのも長く続ける裏

ワザです。

　まずは、たった1語から。面倒くさがらずに調べてみてください。最初は知っている言葉から書きはじめる日記でも、慣れてきたら辞書で言葉を見つけることで、表現の世界が広がっていきますよ。

10. 子どもの表現を盗んじゃおう！

　辞書を使ったり、本やホームページで、自分が興味ある内容を読んでみることは表現力アップにつながります。でも、子育て中。そんな時間はなかなかとれません。

　そこで超簡単！　子どもの世話で忙しいママにオススメの方法は、子どもの英語DVDや絵本に出てきた表現を、なんとなくでも覚えてしまうこと。

　子ども向けということは、つまり、そこには話しはじめの"基本"がたっぷり。

　最初に説明した、小学生レベルの日本語の逆の発想で、子どもレベルの英語から覚えて、それを応用してしまうのです。

　日記にぴったりの表現ばかりがでてくるわけではありませんが、「あれ、これって使えそう」とか、あとで活用できる表現も結構あるものです。

　それは、この本にある表現集に、どんどん表現を加えていくようなイメージです。

　私も、子どもと一緒にDVDや絵本を見ながら、よく英語の音や表現の確認をします。子どもと遊び、楽しみついでに自分の英語も上達する。

　子育て中だからこそできる、英語の基礎固め法のひとつです。

日付の書き方

年月日

2010年4月24日
- April 24, 2010
- 4／24／2010
- Apr. 24, 2010

月日と曜日

10月15日（木曜日）
- Thursday, October 15.
- Thu. 10/15
- Thu. Oct. 15

月

- 1月　January　(Jan.)
- 2月　February　(Feb.)
- 3月　March　(Mar.)
- 4月　April　(Apr.)
- 5月　May
- 6月　June
- 7月　July
- 8月　August　(Aug.)
- 9月　September　(Sept.)
- 10月　October　(Oct.)
- 11月　November　(Nov.)
- 12月　December　(Dec.)

曜日

- 月曜日　Monday　(Mon.)
- 火曜日　Tuesday　(Tue./Tues.)
- 水曜日　Wednesday　(Wed.)
- 木曜日　Thursday　(Thu./Thurs.)
- 金曜日　Friday　(Fri.)
- 土曜日　Saturday　(Sat.)
- 日曜日　Sunday　(Sun.)

※カッコ内は短縮形です

天気・気候

天気

よく使う構文
▶ It was +（形容詞）／ There was +（名詞）

よく晴れた	clear and sunny
晴れ	clear / fair / fine / sunny
晴れときどき曇り	sunny, occasionally cloudy
曇り	cloudy
曇りときどき雨	cloudy, occasionally rainy
雲でおおわれた	overcast
雨天の	rainy
雨	rain
小雨	light rain / a sprinkle
霧雨	drizzle
にわか雨	a shower
通り雨	scattered rain / brief rain
ときどき雨	occasional showers
土砂降り	heavy rain / a downpour
雷雨	a thunderstorm
雪	snow
みぞれ	sleet
ひょう、あられ	hail

気候・天候

よく使う構文
▶ It was + ～

暑い	hot
暖かい	warm
穏やかな	mild
涼しい	cool
冷え冷えする	chilly
寒い	cold
凍えるほど寒い	freezing
さわやかな	brisk
蒸し暑い	muggy / sticky
じめじめした	humid
乾燥した	dry
心地よい風がある	breezy
風が強い	windy
突風がある	gusty
台風	a typhoon

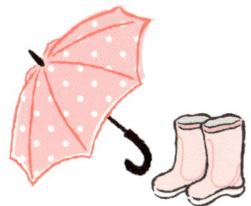

時の前置詞

at 何時に
10時にお医者さんに行かなくちゃ。
I have to go to see the doctor at 10:00 a.m.

from 何時から
保育園は7時半から始まる。
The nursery will start from 7:30 a.m.

till 何時まで
保育園は21時まで開いている。
The nursery will be open till 21:00 p.m.

on 特定の日づけや曜日
遠足は10月6日の予定だ。
The excursion will be held on Oct. 6.
月曜日に園長と話すつもり。
I will talk to the principal on Monday.

in 期間内に
午前中はお散歩に出かけた。
We took a walk in the morning.

for 〜の間:時間の経過
10分間メールを書いた。
I was writing a mail for 10 min.

during 〜の間:何かの時間帯
病院の待ち時間にほかのママと話をした。
I talked with another mom during the hospital waiting time.

while 〜の間:後ろに<主語＋動詞>
よそ見をしている間に、娘が転んだ。
My daughter tripped over while I was not paying attention to her.

before 〜の前
夕食前になるとリオはいつも泣く。
Rio always cries before dinner.

after ～のあと

夕食のあと、いつも雄太の歯を磨く。
I always brush Yuta's teeth after dinner.

 ## 場所の前置詞

at ～で：狭い範囲の場所

コミュニティセンターでベビーサインの講習の予約をした。
I made a reservation for a baby sign workshop at the community center.

in ～で：範囲の広い場所

横浜に住む友人を訪ねた。
I visited a friend of mine living in Yokohama.

to ～に：方向や目的

明日動物園に行くつもりです。
I'll go to the zoo tomorrow.

for ～に向かって：方向や目的

新宿方面の山の手線に乗った。
I took the Yamanote line bound for Shinjyuku.

toward ～の方向に：方向性

表参道を青山方面に歩いた。
I walked along Omotesando toward Aoyama.

from ～から

友人のひとりは直接家から来た。
A friend of mine came directly from her house.

near / close to～ ～の近く

家の近くのカフェで子どもと一緒にランチをとった。
I had lunch with my baby at a café close to my house.

by 〜の近く：接近した距離

瀬名は私のそばで眠っていた。
Sena was sleeping by my side.

around 〜のあたり

角のあたりに子ども服のお店を見つけた。
I found a children's clothing shop around the corner.

in front of 〜の前

龍生は病院の前で泣き出した。
Ryusei started crying in front of the hospital.

behind 〜のうしろ

マキはピアノのうしろに絵本を落とした。
Maki dropped a picture book behind the piano.

その他の前置詞

手段・方法

by 〜で

（交通手段）
バスでお医者さんに行った。
I went to see the doctor by bus.
（通信手段）
メールで写真を送った。
I sent a picture by mail.
（動作の手段）
紙を手で破った。
I tore the paper by hand.

with ～で

(道具)
彼女はケーキをナイフで切った。
She cut the cake with a knife.
彼女はメガネをかけて本を読んでいた。
She was reading a book with glasses on.

on ～で

(通信手段)
友達と電話で話した。
I talked to my friend on the phone.

原因・理由

with ～で

風邪で1日休みをとった。
I took a day off with a cold.

on ～で

当番で公園の掃除をした。
I cleaned the park on clean-up duty.

because of～ ～の理由で

彼は事故で遅れた。
He was late because of an accident.

同伴・付帯

with ～と一緒に、～を持って

子どもたちと一緒に動物園に行った。
I went to the zoo with my kids.
彼は青いカバンを持って立っていた。
He was standing with a blue bag.

おさえておきたい基本構文 30

1. ～があった had ~ ・ There was / were ~

今日は保育園の集まりがあった。
ほかのお母さんたちに会うのっていいな。
情報交換ができた。

I had a gathering of nursery people today.
It's very nice to see the moms.
We could exchange information.

Words & Phrase
gathering：集い　*nursery*：保育園　*exchange information*：情報を交換する

Point
have の過去形 *had*。これは「持つ」ではなく、「こんなことがあった」という意味で使います。出来事を主語にするなら *There was*（複数なら *were*）。*There was an event at the public center.*「市民会館でイベントがあった」のようになります。

例文

昨日パーティがあった。	I had a party yesterday.
今日は（大変な）問題が起こった。	I had a (big) problem today.
先週ママの集まりがあった。	There was a mother's gathering last week.
見たいテレビ番組があった。	There was a TV program I like to watch.
私たちの前で、小さな事故が起こった。	There was a small accident in front of us.

2 初めて〜した
It was the first time to 動詞の原型

今日、葵が机をつかんで立ち上がった！
彼女がひとりで立ち上がるのは初めて。
うれしすぎて、写真を撮るのを忘れちゃった。

Today Aoi stood up holding the desk!
It was the first time for her to stand up by herself.
I was so happy and forgot to take a picture of her.

Words & Phrase
stand up holding〜：〜につかまって立ちあがる
stand up by oneself：自分自身で立ち上がる　*take a picture of 〜*：〜の写真を撮る

Point
It was the first time to のあとに立った *stand*、笑った *smile*、つかんだ *grasp* など、動詞の原型がきます。文章の最後に *for the first time*「初めて」をつけても、この形と同じ表現内容になります。*He ate baby food for the first time.*「彼は初めてベビーフードを食べた」。

例文

彼は初めておばあちゃんと会った。	It was the first time for him to see his grandma.
初めて私に笑いかけてきた。	It was the first time to smile at me.
初めて離乳食を食べた。	It was the first time to eat baby food.
初めて歩いた。	It was the first time to walk.
ベビーカーで初めてお出かけ。	It was the first time to go out in the stroller.
初めてお風呂につかった。	It was the first time to take a bath together.

3 ～したい
I would like to 動詞の原型

綾香は泣いていた。
なぜ泣いているかわからなかった。
どうして泣いているかわかる方法が知りたいなぁ。

Ayaka was crying.
I didn't know the reason why she was crying.
I would like to have some way to know why she is crying.

Words&Phrase
the reason why～：～の理由　*why she is crying*：どうして泣いているのか

Point
I would like to は *I want to*～と同じで「～したい」気持ちを表します。
でも、*I would like to* のほうが丁寧です。口語では *I'd like to* と発音されます。

例文

旅行したいなぁ。	I would like to go traveling.
映画を見に行きたいなぁ。	I would like to go to see a movie.
ゆっくり寝たいなぁ。	I would like to have enough sleep.
海に赤ちゃんを連れていきたいなぁ。	I would like to take my baby to the sea.
好きなだけ食べたいなぁ。	I would like to eat as much as I can.
ときにはひとりになりたいなぁ。	I would like to be alone once in a while.

4 〜な日だった
It was ~ day

今日は瑛正のお誕生日。
両親をはじめ、たくさんのお客さんが来た。
とっても忙しかったけど、楽しい日だった。
We had Terumasa's birthday today.
There were many guests including parents.
It was a very busy, but happy day.

Words&Phrase
including〜：〜を含めて　*parents*：両親　*busy*：忙しい

Point
〜*day* の〜の部分には、*busy*「忙しい」、*nice*「いい感じの」、*happy*「幸せな」、*sad*「悲しい」といった形容詞が来ます。どんな気分だったかを簡単に表せる表現です。また形容詞の前に *very* や *so* をつけて、「とても〜だった」と強調することもできます。

例文

すごくいい日だった。	It was a great day.
天気のいい日だった。	It was a beautiful day.
雨の一日だった。	It was a rainy day.
ワクワクする一日だった。	It was an exciting day.
散歩にうってつけの日だった。	It was an ideal day for walking.
初めての雪の日だった。	It was the first snowy day.

5 〜した
I did 〜

昨晩エクササイズをした。
レイカが眠っている間だけ時間がとれる。
体重を減らしたいな。

I did exercises last night.
I only have time while Reika is sleeping.
I'd like to lose weight.

Words&Phrase
while 主語＋動詞：〜している間に　　*lose (one's) weight*：体重を減らす

Point
「何かをした」というときに、簡単に表現できる *do* の過去形 *did*。ここに一般動詞（その言葉自体でどんな動きかわかる動詞：*laugh, go, like* など）をあてはめても、いろんな文章が作れます。また、*I do like it.*「私はそれがとても好きです」のように、普通の動詞の前に *do* をつけると、その動詞を強める意味になります。

例文

今朝お洗濯をした。	I did laundry this morning.
全力をつくした。	I did my best.
また間違えちゃった（またやっちゃった）。	I did it again.
役割を果たした。	I did my part.
今日は粘土で遊んだ。	We played with clay today.

6 〜へ行った
I went to 〜

今日は晴れて気持ちがよかった。
公園にでかけた。
芝生の上でゆったりするのはスキ。

It was clear and very nice today.
I went to the park.
I like relaxing on the grass.

Point
I went to 行った場所。*went* は *go* の過去形。行った場所は地域、建物、国、海や公園など、あらゆる場所があてはまります。

例文

病院に行きました（医者に行きました）。	I went to the hospital.（I went to see the doctor.）
今日は友人の家に行きました。	I went to my friend's house today.
先週末、京都に行きました。	I went to Kyoto last weekend.
下見のために幼稚園に行きました。	I went to a kindergarten to preview it.
波の音を聞きに、海に行きました。	I went to the sea to hear the sound of the waves.
美容院へ行きました。	I went to a beauty shop.

7 〜だといいな
I hope to 動詞の原型
I hope that 主語＋動詞

公園でとてもかわいい女の子に会った。
ユウキはその子が大好き。
また会えるといいね。

We met a really cute girl at the park.
Yuki likes her very much.
I hope to see her again.

Words&Phrase
really：本当に、とても ※ *really nice* のように形容詞の前につけて言葉を強めます。

Point
hope は、実現の可能性があることを「〜になるといいな」と望むときに使います。
I hope that 主語＋動詞の形でも可能。*I hope that I can see her again.*「また彼女に会いたいな」のような書き方をします。この *that* は省略もできます。

例 文

そこにいたかったな。	I hope to be there.
翔に無事に育ってほしい。	I hope to raise Shyo without any problems.
少し休みをとりたいな。	I hope to take some time off.
またお会いできるといいですね。	I hope to see you again.
明日は晴れてほしいな。	I hope (that) it will be sunny tomorrow.
いい母親・父親になれますように。	I hope (that) I'll be a good mom／dad.

8 ～だったらよかったのに
I wish

おっきな鳥が空を飛んでた。
すーっと滑らかに。
私も鳥だったらなぁ。

There was a big bird flying in the sky.
It flew very smoothly.
I wish I were a bird.

Words&Phrase
flew は *fly* の過去形　*smoothly*：なめらかに　※「すーっと」といった訳もできます。

Point
wish は叶うことがない願望を表します。学校で習った *I wish I were a bird.*「鳥だったらなぁ」のように、可能性はないけれど、そうなりたい・なりたかったことを表します。現在の願望は「*wish* ＋ 過去形」、過去の願望は「*wish* ＋ 過去分詞」で表します。*I wish you a merry Christmas.* の形の *wish* は「～を祈る」の意味です。

例文

料理が上手だったらなぁ。	I wish I were good at cooking.
もっと休みがあればいいのになぁ。	I wish I had more holiday time.
毎日家事をしなくてすんだらいいのに。	I wish I didn't have to do chores every day.
1日が24時間以上あったらいいのに。	I wish I had more (time) than 24 hours a day.
こんなに体重が増えなければよかったのに。	I wish I hadn't put on that much weight.

9 ～しなければならない
I have to 動詞の原型

市役所に行った。
公立の保育園に入るため、多くの書類に記入が必要だった。
たくさんの人が順番待ちリストに載っていた。

I went to the city office.
I had to fill in many forms to enter a public nursery.
There were many people on the waiting list.

Words&Phrase
city office：市役所　※ *civic hall* で市庁舎そのものを指します。
fill in forms：書類に記入する　*public*：公設の

Point
have to 動詞の原型で「～しなければならない」を表します。過去を表すなら *had to* 動詞の原型。*don't have to* 動詞の原型は「～しなくていい」「～する必要はない」という意味になります。*must* も同様の意味ですが、少々強い印象に。でも、どちらを使用してもいいことがほとんど。大きな違いは、*must* は現在と未来を表すのみ。過去には *had to* を使います。*have to* は時制を問いません。

例文

幼稚園に関する情報を集めなくちゃ。	I have to gather information about kindergarten.
コウタを定期健診に連れていかなくちゃ。	I have to take Kota to his routine medical checkup.
離乳食を準備しなくちゃ。	I have to prepare baby's meals.
その男の子に謝らなければならなかった。	I had to apologize to the boy.
壁のいたずら書きを消さなければならなかった。	I had to erase the doodle on the wall.

10 ～かしら
I wonder why 主語＋動詞

なぜ美優はこんなに落ち着きがないのかしら。
待合室でもずっとソファをのぼったりおりたり。
ほかの子はおとなしいのに……。
I wonder why Miyu is so restless.
At the waiting room she kept climbing up and down the sofa. Other girls were gentle though.

Words&Phrase
restless：落ち着きがない　*waiting room*：待合室　*gentle*：おとなしい

Point
I wonder why のあとには、主語＋動詞の形をした文章がきます。過去形なら *wondered*。*I wonder why* と、次の文章を切り離して考えると、文章を作るのが簡単になります。

例文

どうしてこんなに眠いのだろう。	I wonder why I'm so sleepy.
なぜか1日中ハッピーな気分だった。	I wonder why I was so happy the whole day.
どうして純正がそんな言葉を知ってるんだろう。	I wonder why Jyunsei knows that word.
琴音はどうしてそんなに人みしりだったんだろう。	I wondered why Kotone was so shy.
どうして誰も来なかったんだろう。	I wondered why nobody came.

11 ～せずにはいられない
can't help ~ ing

睦生が大人の真似をして話しはじめた。
その話し方ったら、パパそっくり。
笑わずにはいられない。すっごいかわいい。

Mutsuki started talking, copying adults.
The way he talks is so similar to his daddy.
I can't help laughing. He's so cute.

Words&Phrase
copy：真似をする　*similar to*～：～に似ている

Point
can't help ~ ing は、直訳するなら「～するのをとめることはできない」＝「～せずにはいられない」となります。*can't* は *can not* の短縮系。過去形では *couldn't* に変化します。

例文

授乳しているときには、食べずにはいられない。	I can't stop eating, while breast-feeding my baby.
風峨のことを心配せずにはいられない。	I can't stop worrying about Fuga.
その赤ちゃんを見ずにはいられなかった。とてもチャーミングだった。	I couldn't stop looking at the baby. She was so charming.
陸を産んだとき、うれしくて泣かずにはいられなかった。	I couldn't stop crying for happiness when I gave birth to Riku.
のどがとても乾いていたので、水を飲まずにはいられなかった。	I couldn't help drinking water, because I was so thirsty.

12 早く〜しないかな
I can't wait to 動詞の原型

宝がひとりで立ち上がった！
もう少しで最初の一歩。
早く歩かないかな。

Takara stands up by himself.
He almost takes the first step.
I can't wait to see him walk.

Words & Phrase
take the first step：最初の一歩を踏み出す

Point
can't wait to 動詞の原型で、「〜するのを待てない」＝「早く〜しないかな」となります。

例文

早く父親に啓太が話したことを伝えたい。	I can't wait to tell dad what Keita said.
早く DVD を見せたい。	I can't wait to show the DVD.
早く話すのを聞きたい。	I can't wait to hear her talking.
早くこの子と旅行に行きたいな。	I can't wait to travel with my baby.
この子に会えるのが待ちどおしかった。	I couldn't wait to see my kid.
妊娠中は、エコー写真を見るのが待ちどおしかった。	I couldn't wait to see the echo pictures, when I was expecting.

13 I can't wait for 名詞 / I'm looking forward to ~ ing
〜が楽しみだ

マキミから電話があった。
子どもを連れて出かけようと誘われた。
来週彼女に会うのが楽しみ！

I had a call from Makimi.
She asked me to go out with our babies.
I'm looking forward to seeing her next week.

Words & Phrase
call：名詞で使うときは電話の意味

Point
I'm looking forward to ~ ing と、*to* のあとに動詞 *ing* の形がきます。過去形は *I'm* が *I was* に変わります。よく、会う約束をした最後に使われるのが *I'm looking forward to seeing you.*「お会いできるのを楽しみにしております」です。このままの形で覚えておくと便利です。*I can't wait for* のあとには、*her next birthday*「彼女の次の誕生日」のように名詞や名詞形がきます。

例文

ディズニーランドに行くのを楽しみにしています。	I'm looking forward to going to Disneyland.
あなたからの便りを楽しみにしています。	I'm looking forward to hearing from you.
母子手帳をもらうのを楽しみにしていました。	I was looking forward to receiving a maternity health record book.
家に帰るのを楽しみにしていました。	I was looking forward to going back home.
彼女と話すのが待ちどおしい。	I can't wait for her to talk.

14 〜してうれしかった
I was happy to 動詞の原型

竜太と瀬名と一緒に公園に行った。
みんな私のランチをおいしいと言ってくれた。
それを聞いて、とってもうれしかった。

I went to the park with Ryuta and Sena.
They said my lunch was delicious.
I was very happy to hear that.

Words&Phrase
happy to hear that：「それを聞いてうれしい」というときの常套句。このまま覚えてしまいましょう。

Point
happy は幸せな、うれしい気持ちを表します。現在形の *I am*（*I'm*）では「喜んで〜する」という訳にもなります。過去形で *was* になり「〜してうれしかった」という意味に。*I'm happy to do* と、動詞の原型が来る形で覚えてしまうと、使いまわせて便利です。

例文

プレゼントされてうれしかった。	I was happy to receive a present.
彼女に会えてうれしかった。	I was happy to see her.
彼女と友達になれてうれしかった。	I was happy to make friends with her.
彼女の笑顔を見てうれしかった。	I was happy to see her smile.
よろこんでお手伝いします。	I'm happy to help you.
家族のためによろこんでおやつを作ります。	I'm happy to make snacks for my family.

15 〜して楽しかった
It was fun to 動詞の原型

ママの集まりに参加した。
ほかのママたちに、自分の悩みを話してみた。
同じ状況の人たちと話すのって楽しいなぁ。

I attended a mom's gathering.
I talked about my anxiety with other mothers.
It was fun to talk with people in the same situation.

Words & Phrase
attend：出席する　*gathering*：集まり　*anxiety*：心配事

Point
fun は楽しい・愉快な気持ちを表します。*It was fun to do* は *do* することが楽しかった、となります。遊びに行ったり、人と会ったりして、何か楽しい出来事があったときの気持ちを表すときにピッタリ。たとえばパーティに行ったあと、「楽しかった！」ならば *It was fun* ! とだけ書いてもいいんです。

例文

彼と遊んで楽しかった。	It was fun to play with him.
滑り台をして楽しかった。	It was fun to play on the slide.
雪だるまを作って楽しかった。	It was fun to make a snowman.
花火のような夏の風物詩を見て楽しかった。	It was fun to see summer features such as fireworks.
スタジオで写真を撮ってもらって楽しかった。	It was fun to have pictures taken at the studio.

16
How (What) すごく〜だった 形容詞＋主語＋動詞の過去形
What (a) なんて〜なの 名詞／How 形容詞

この子が生まれたとき、驚いた。
なんてきれいな目をしてるんだろう！って。
それで彼女に瞳って名前をつけた。

When my baby was born I was surprised.
What beautiful eyes she had!
So we named her Hitomi.

Words&Phrase
~*was born*：〜が生まれた　　*be surprised*：驚かされた

Point
驚きや感動を含めて表現するときにこの *how* と *what*。最後に俗に言うビックリマーク「！」(*exclamation* エクスクラメーション) がつきます。
What (a) 名詞の名詞部分は、*beautiful eyes*「美しい目」のように形容詞に飾られていてもいいんです。

例文

すごく親切なの！	How kind he/she was!
なんて失礼なの！	How rude he/she was!
すっごい寒かった！	How cold it was!
なんて汚いシャツかしら！	How dirty the shirt was!
なんておいしそうなイチゴなの！	What a delicious-looking strawberry!
わー、びっくり！	What a surprise!

17

（人）を（場所）に連れて行った
took（人）to（場所）
（人）を（場所）に連れて行くつもりだ
will take（人）to（場所）

今日、優花を水族館に連れて行った。
今日はアシカのショーがあった。
とっても楽しんだけれど、ペンギンの餌やりのほうがもっと好きみたい。

I took Yuka to the aquarium today.

There was a sea lion show.

She enjoyed it, but she preferred feeding the penguins.

Words & Phrase
aquarium：水族館　*sea lion*：アシカ　*feed*：餌をやる

Point
took（人）*to*（場所）は、「子どもを病院に連れて行った」「動物園に連れて行った」など、かなりよく使われる表現です。*took* は *take* の過去形です。行くつもりなら *I will take*（人）*to*（場所）。

例文

萌々花を病院に連れて行った。	I took Momoka to the hospital.
明日千波を病院へ連れて行くつもり。	I will take Chinami to the hospital tomorrow.
今日は達樹を動物園へ連れて行った。	I took Tatsuki to the zoo today.
明日花帆を博物館へ連れて行くつもりだ。	I will take Kaho to a museum tomorrow.
瑛正をいつもより早く保育園に連れて行った。	I took Terumasa to the nursery earlier than usual.
匠真を午前中公園に連れて行った。	I took Shyoma to the playground in the morning.

18 〜な気がした
I felt like ~ing

航太と砂場で遊んでいた。
お山作りって本当に楽しい！
まるで小さな子どもに戻ったみたいな気がした。

I was playing in the sandbox with Kota.
Making a mountain was really fun!
I felt like going back to being a little kid.

Words & Phrase
sandbox：砂場　　*go back to〜*：〜に戻る

Point
「〜のような気がした」「〜したい気分だ」という感覚を表現します。*I feel like a coffee.*「コーヒーを飲みたい気分」のように、*feel like* のあとに名詞が来る形でも使えます。*felt* は *feel* の過去形です。

例文

休みたい気がした。	I felt like taking a rest.
電話をかけたい気分だった。	I felt like making a phone call.
出かけたい気分だった。	I felt like going out.
小さな子どものような気分だった。	I felt like a little kid.
散歩に行きたい気分だ。	I feel like taking a walk.
食欲が出なかった。	I didn't feel like eating.

19 〜したほうがいいな
It would be better to 動詞の原型

今日紗里奈がせきをしていた。
病院に連れていったほうがいいな。
なんともありませんように。

Sarina was coughing today.
It would be better to take her to the hospital.
I hope she is all right.

Words & Phrase
cough：せきをする　*take someone to the hospital*：誰かを病院へ連れて行く

Point
「〜したほうがいいな」という気持ちを表します。*to* のあとは動詞の原型。*It* 以外にも、*I had better〜*「自分が〜したほうがいい」や、*You had better〜*「あなたは〜したほうがいい」といった使い方もできます。

例文

今日は休みをとったほうがいいな。	It would be better to take today off.
重ね着をしたほうがいいな。	It would be better to wear layers.
話すのをやめたほうがいいね。	It would be better to stop talking.
あらかじめ準備をしておいたほうがいいな。	It would be better to prepare in advance.
スケジュールを確認したほうがいいよ。	It would be better to make sure of the schedule.
食料の買出しに行ったほうがいいな。	I had better go grocery shopping.

20 〜できるのはいつかな
When will it be 〜
When will 主語＋動詞

大輔が最近２語で話しはじめた。
私の言ってることがわかるのって、いつだろう？
そんな日が楽しみ。

Daisuke starts speaking two words at a time these days.
When will he understand what I say?
I'm looking forward to that day.

Words&Phrase
these days：この頃　*understand*：理解する　P42　構文13（*I'm looking forward to 〜*　〜が楽しみだ）

Point
「〜だろうか」という推量の *will* を使って *When will it be〜* と「起こるのはいつだろう」といった疑問の形になっています。*When will* のあとに主語＋動詞をともなって通常の文章の形が続くときには、「いつだろう」「主語が〜するのは」と、前半と後半を別々にとらえるとわかりやすくなります。

例文

働きはじめるのはいつがいいだろう？	When will it be convenient to start working?
初めて公園に行くのは、いつがいいだろう？	When will it be a good time to go to the park for the first time?
トイレに行くようになるのって、いつだろう？	When will Ryota start using the bathroom?
リコがドアの開け方を覚えるのっていつだろう？	When will Rico learn how to open the door?

21 ～とわかった
I found that 主語＋動詞

祐介は、私が落ち着くと泣きやんだ。
まるで私の鏡のようだな。
この子も私と同じように感じるんだ。

Yusuke stopped crying when I calmed down.
I found that he is like a mirror.
He feels the same way I do.

Words&Phrase
calm down：落ちつく　*the same way*：同じように

Point
find の過去形 *found* を使っていますが、これは「見つけた」よりも「わかった」といったニュアンスになります。I found X（主語＋動詞）とわけて考えてみると、「X だとわかった」となり、文が組み立てやすくなります。

例文

赤ちゃんは産まれたときにはもう性格があるんだって。	I found that each baby already has his／her personality when they are born.
彼女は音楽が好きなんだな。	I found that she liked music.
私が言ったことが理解できるんだとわかった。	I found that he understood what I said.
彼は酸っぱいものを食べないんだ。	I found that he won't eat something sour.
子どもと遊ぶのって、思っていたよりもずっと楽しい！	I found that playing with kids is so much more fun than I thought.

22
〜して困った
I was in trouble
〜して気恥かしい
I was embarrassed 〜

ベビーカーを押しているときに、石につまずいて転んじゃった。
すっごい気恥かしかった。
ベビーカーの手を離したから、困ったことにならずにすんだ。

I tripped over a stone when I was pushing the stroller.
I was so embarrassed.
I let go of the stroller so I wasn't in big trouble.

Words & Phrase
trip over〜：〜でつまづく　*stroller*：ベビーカー　*be embarrassed*：恥ずかしい思いをする

Point
I was in trouble that 主語＋動詞の形で「〜して困った」となります。*in trouble*「トラブルのさなかにいる」＝「困った」というわけです。恥ずかしい思いのときは *be embarrassed* のあとに *that／when* 主語＋動詞とします。*trouble* の前に *big* をつけたり、*embarrassed* の前に *so* をつけると、「とても」という意味が加わって、すごく困った・恥ずかしかったという意味になります。

例文

彼が来なくて困った。	I was in trouble when he didn't show up.
お財布を忘れて本当に困った。	I was in big trouble when I forgot my wallet.
自転車が撤去されて困った。	I was in trouble after the bicycle was taken away.
本当に恥ずかしい思いをした。娘の先生の名前が思い出せなかった。	I was embarrassed. I couldn't remember my daughter's teacher's name.

23 ～するのはやめよう
I will stop ~ ing

愛が言うことを聞かなくて、イライラ。
疲れてきて、もう少しで怒鳴るところだった。
すぐに感情的になるのはやめよう。ハッピーにいかなくちゃ！

Ai didn't listen to me and she got on my nerves.
She made me tired and I almost yelled at her.
I will stop getting emotional quickly. Be happy!

Words&Phrase
get on one's nerves：イライラする　*make me tired*：私を疲れさせる
yell at someone：誰かを怒鳴りつける　*emotional*：感情的になる

Point
stop~ing で「～するのをやめる」となります。そう、昔学校で習った *stop to smoke*「タバコを吸うために止まる」と *stop smoking*「タバコを吸うのをやめる」の違いを思い出した人もいるかもしれません。*stop* のときには *to* がくるか *ing* がくるかで、意味が大きく変わります。*start* なども同様です。

例文

夜更かしをやめることにしよう。	I will stop staying up late.
待ち合わせ時間に遅れないようにしよう。	I will stop being late for meeting times.
リオが起きている間は、メールはやめよう。	I will stop writing e-mail when Rio is awake.
人工調味料を使うのはやめることにしよう。	I will stop using artificial spices.
授乳中は飲酒はやめよう。	I will stop drinking while breast-feeding.

24. I should have 動詞の過去分詞 〜しておくべきだった
I shouldn't have 動詞の過去分詞 〜すべきでなかった

亜里抄がやっちゃった！ 彼女ったら道でおもらし。
すぐにおむつを取り替えた。
出かけるときに、トレーニング用パンツなんてはかせちゃダメね。

Arisa did it! She peed on the street.
I changed her diaper immediately.
I shouldn't have made her wear training pants when we went out.

Words & Phrase
pee：おしっこ、おしっこをする　*change diaper*：おむつを替える
immediately：すぐに　*training pants*：トレーニングパンツ

Point
やっておけばよかったのにやっていない、やらなければよかったのにやってしまったという、後悔の念を含めたニュアンスになります。「過去分詞」という言葉がやっかいに見えますが、これは、動詞の活用表で見る一番最後の枠のもの。*do-did-done* の *done* や、*go-went-gone* の *gone* がこれ。*look-looked-looked* のように、過去形と同じ形のものも多くあります。

例文

夕べのうちに用意しておけばよかったな。	I should have prepared last night.
前もって申請しておけばよかったな。	I should have applied in advance.
寝ちゃう前に千絵に夕飯を食べさせておけばよかったな。	I should have made Chie eat dinner before she fell asleep.
優喜を連れていかなければよかったな。	I shouldn't have taken Yuki with me.
ハイヒールなんかはかなければよかったな。	I shouldn't have worn hi-heels.

25 I care for (about) ~ / I worry about ~
〜が心配だ

涼太は前よりもずっと活発になった。
跳ねたり、部屋の中でも走り回ったり。
ただ事故が心配。私が気をつけなくちゃ。

Ryota becomes more active than before.
He jumps and even runs in the room.
I just worry about an accident. I have to be careful.

Words&Phrase
worry about~：〜を心配する　*be careful*：注意する

Point
care for~・*worry about~*は、〜を心配する・気にするといった意味。過去形では *cared* と *worried* になります。*care for* の前に *really* をつけたり、文の最後に *very much* をつけると「とても」と意味が強くなります。*care for* は心配になるニュアンスのほかにも、「〜に関心を持つ」「〜を好む」といった意味合いから *Would you care for a drink?* では「何か飲む?」となります。

例文

大輔が何するかとても気になる。	I care about what Daisuke does.
高熱のとき、とても美優を心配した。	I cared for Miyu very much when she got a high fever.
彼女が歩きはじめるのが遅いのが心配だ。	I worry about her not walking yet.
華の中耳炎を本当に心配した。	I really worried about Hana's middle ear infection.
佳奈の人みしりが心配だ。	I worry about Kana's shyness.

26 気をつけなくては
I have to be careful
～に気をつけよう
I have to be careful to 動詞の原型

電話中に、海がもう少しで階段の上から落ちそうになった。

心臓がとまりそうだった。

彼女から目を離さないように注意しよう。

When I was on the phone, Umi almost fell from the top of the stairs.

My heart almost stopped.

I have to be careful not to look away from her.

Words & Phrase
fell from～：～から落ちる。*fell* は *fall* の過去形
look away from～：～から目をそらす

Point
have to be careful は「注意しなくちゃ」というときにとてもよく使われるフレーズです。*to* 動詞の原型で「～することを（注意しよう）」、*when* 主語＋動詞で「主語が～するときに」という意味内容になります。過去形は *have* を *had* に変えるだけ。もちろん、主語を *you* にすれば「あなたは気をつけるべきだ」となり、会話でも使えます。

例文

仕事に遅れた。気をつけなくちゃ。	I'm late for work. I have to be careful.
遅れないように気をつけなくては。	I have to be careful not to be late.
ベビーカーを離さないように気をつけなくちゃ。	I have to be careful not to let go of the stroller.
子どもと歩くときには気をつけよう。	I have to be careful when I walk with my kid.
母親らしい服装に気をつけなくちゃ。	I have to be careful to dress like a mom.
図書館では静かにするように気をつけよう。	I have to be careful to be quiet at the library.

27 もう少しで〜するところだった
I almost 動詞

落ち込んだときに、結衣が「いい子いい子」って頭をなでてくれた。
それがすごくうれしかった。
もう少しで、泣きそうだった。

When I was feeling blue,
Yui stroked my head saying "good girl."
It made me so happy.
I almost cried.

Words&Phrase
feel blue：落ち込む　*stroke*：なでる　*good girl/boy*：いい子

Point
almost が動詞について「もう少しで」という意味に。主語はもちろん *he / she* や人名にすることもできます。

例文

もう少しでつまづくところだった。	I almost tripped.
もう少しで悠斗を怒鳴るところだった。	I almost yelled at Yuto.
もう少しで寝入るところだった。	I almost fell asleep.
もう少しで笑うところだった。	I almost laughed.
陽菜はもう少しでドアに挟まれるところだった。	Haruna was almost stuck in a door.
彼はもう少しで遅れるところだった。	He was almost late.

28. I was busy ~ ing / I was busy with 名詞

〜して忙しかった
I was busy ~ ing
〜で忙しい
I was busy with 名詞

遠足のためのランチの準備に忙しかった。
朝早く起きた。
キャラクターの形のサンドウィッチやおにぎりを作るのって楽しい。

I was busy preparing a lunch box for an excursion.
I woke up early in the morning.
It was fun to make character-shaped sandwiches and rice balls.

Words & Phrase
lunch box：お弁当　*excursion*：遠足　*wake up*：起きる
early in the morning：朝早く　*~ shaped*：〜の形をした　*rice ball*：おにぎり

Point
〜するのに忙しかった、〜で忙しかったという意味のフレーズ。*busy* のあとには動詞 *ing* の形が来ます。現在形なら *I am busy ~ ing.* です。*I was busy with* のあとには名詞がきて「〜で忙しかった」となります。*Ex. She was busy with baby-sitting.*（彼女はベビーシッターで忙しかった）。

例文

部屋の掃除で忙しかった。	I was busy cleaning my room.
夕食の準備で忙しかった。	I was busy preparing dinner.
幼稚園のパンフレットを読むのに忙しかった。	I was busy reading a brochure for kindergarten.
礼状を書くのに忙しかった。	I was busy writing thank-you letters.
新しい仕事で忙しかった。	I was busy with my new work.
家事で忙しかった。	I was busy with housework.

29 思ったより〜だった
It was 比較級 than I thought

水族館に行った。
思ったよりも混んでいた。
ベビーカーを使わずに、子どもを抱っこした。

I went to the aquarium.
It was more crowded than I thought.
I didn't use a stroller and held my baby in my arms.

Words & Phrase
aquarium：水族館　*crowded*：混んでいた　*stroller*：ベビーカー
hold someone in one's arms：抱っこする

Point
比較の文章です。(*A is more* 形容詞／*-er than B*) の形で、(*A* のほうが *B* より ももっと形容詞の状態だった)、となります。*than* 以下の *B* の場所に *I thought* が来ることで「自分が思ったよりも」となります。*It* には *she／he* などの代名詞、人名なども使えます。*Ex. She was taller than I thought.* (彼女は私が思っていたよりも背が高かった)

例文

思っていたよりも複雑だった。	It was more complicated than I thought.
思ったよりもむずかしかった。	It was more difficult than I thought.
思ったよりも簡単だった。	It was easier than I thought.
思ったよりも小さかった。	It was smaller than I thought.
彼女の家は思ったよりも近かった。	Her house was closer than I thought.
彼は思ったよりも大きく生まれた。	He was born bigger than I thought.

30 いつ〜するのがいいのかな
When should I 動詞の原型？

家族旅行に行きたいと思う。
いつ予約をするのがいいかな？
十分に余裕を持って準備しておかなくちゃ。

I would like to go traveling with my family.
When should I make a reservation?
I have to prepare well in advance.

Words&Phrase
make a reservation：予約をする　*prepare*：準備をする　*well in advance*：十分な余裕を持って

Point
should は「〜すべき」という意味の助動詞。疑問なので、主語と *should* が入れ替わって倒置になっています。もともと *I should* 動詞の原型 ＝ 〜すべきだったと考えれば、わかりやすいです。*can* や *may* と同じで、助動詞のあとは動詞の原型がきます。

例文

彼女にいつベビーシッターをお願いするのがいいかな？	When should I ask her to baby-sit?
いつひな人形を買うのがいいかな？	When should I buy Hina dolls?
いつ礼状を送るのがいいかな？	When should I send a thank-you letter?
いつ友達に電話をするのがいいかな？	When should I call my friend?
いつ彼女の髪の毛を切ろうかな？	When should I cut her hair?
いつ、スタジオで写真を撮ってもらうのがいいかな？	When should we have pictures taken at a studio?

出産後の英語日記

「ウンギャーッ」
　部屋中に広がる声が聞こえて、バタバタ手足を動かす娘の優花を見て、思わず涙がこぼれました。うれしさに頬を伝う涙を、看護師さんがそっと拭いてくれたのを覚えています。
　2晩の陣痛に苦しんだ挙句の緊急帝王切開。その手術台の上で、すぐに抱いた元気な子供の温かさ、自分の体でこんなに育ってくれていたこと、痛みを和らげようとあたふたしていた主人の姿、すべてに感動がこみあげました。
　出産したら、子供の世話はすべて自分でやる病院だったので、おっぱいをあげたり、看護師さんに手伝ってもらいながら寝たままおむつを替えたりと、本当に寝る時間すらありません。
　だから、2,3日して起き上がれるようになったところで、メモ程度の日記をつけて、退院してから、優花が寝ている間にブログにアップ。
　すると、英語と日本語たった3行ずつの日記に、たくさんの人が「おめでとう!」とコメントをくれました。
　ママになった喜びは、長さや言語を問わず、みんなに伝わるものですね。
　ポロッとこぼれた本音。それが何よりの感動の言葉なのかもしれません。
　今になっても、書いておいてよかったな、と思います。その時は覚えていたことが、育児の忙しさもあって、すぐにあやふやになってしまうものだから。春の暖かな日の笑顔、初めて首を持ち上げたときの感動……「感動した I was touched」「とてもうれしかった I was so happy」と一言でもいいから残しておきたいなと思います。
　それから3歳手前の今になるまで、英語と日本語でたくさんの日記を書いてきました。
　すべては優花と家族の生活が、ひとつひとつ折り重なったもの。
　私の英語力も、ゆっくり前進。
「ママも、一緒にがんばっていたんだよ」
そんな風に大きくなったときに見せてあげられるものにしたいな、って思います。

第2章

月齢別・1日3分で書ける！
育児日記の実例集

0〜1ヵ月

やっと赤ちゃんに会えた！「なんて愛しいの」と感動したのも束の間、毎日新しい発見と慣れないことの連続。夜も眠れないし、自分の時間なんかちっともとれない。でも、慌ただしく忙しいときこそ充実の日々。そんなときにつけた日記は、あとで懐かしく、いい思い出になるものです。

産声をきいて　Hearing the first cry

オギャーと大きな産声。なんて小さくてかわいいの。
トツキトウカ、待った甲斐があったよ。
はじめまして。

There was a loud first cry. How tiny and sweet!
Ten months and ten days: it was worth waiting.
Nice to meet you!

Words & Phrase

first cry：産声　*tiny*：小さい　*sweet*：愛おしい
worth doing：*do* する価値がある

基本構文　P45（*How* 形容詞　なんて〜なの）

生まれたときの様子　When my baby was born

身長50センチ、体重2980グラムで生まれた。
とっても健康で元気で、よく泣く子。
うれしくて、涙がこぼれた。

She was born at 50cm and 2980kg.
She is very healthy, cheerful and cries well.
I was so happy. I teared up.

Words&Phrase

be born at ～：～で生まれた　*healthy*：健康的な　*cheerful*：元気な
cry well：よく泣く　*teared up*：涙があふれ出る。*tear* の過去形

名前を決めて　Name

どんな名前にするか、あれこれ迷った。
そして、優と名付けることに。
優しい子に育つようにと願いをこめて。

I couldn't decide what name to choose.
Finally, we decided to name him "You."
Wishing him to be a kind and sweet person.

Words&Phrase

decide to do：*do* することに決める　*wish*：願う　*kind*：親切な
sweet：優しい　※「甘い」と同じ言葉ながら、人に使うときには「優しい」
といったニュアンスに。

初めてのおうち　The first day to be home

家に戻ってきた。
美鈴、おうちはいかが？
新しい家族と一緒にここにいられて幸せ。

We came back home.
Hey Mirei, how do you like it?
I was happy to be home with my new family.

Words&Phrase

came back to 〜：〜に戻った。*come* の過去形
how do you like 〜 *?*：〜はどうですか？

基本構文 P43（*I was happy to* 動詞の原型　〜してうれしかった）

おっぱい大好き　Love mommy's breast!

陽菜はママのおっぱいが大好き。
たくさん飲んで、大きく強くなって。
ただ、あんまり強く吸うと、ママ痛いからね！

Haruna likes mommy's breast.
Drink a lot, and grow to be big and strong.
Just don't suck too hard, it hurts mommy!

Words&Phrase

mommy's breast：ママのおっぱい　*suck*：吸う　*hurts*：痛い

ミルクは人肌　Keep the milk skin temperature

ミルクはどれくらい飲めるのかな？
人肌にできたかな？
いっつも疑問だらけ。でも、あれこれ解決するのも、また楽しい。

I wonder how much milk she will drink?
I wonder if it is skin temperature?
There are always many questions. But it's fun to seek the solutions too!

Words&Phrase

skin temperature：人肌の温度　*but*：文章では冒頭に来ない決まりながら、口語では冒頭でもＯＫ！　*seek the solution*：問題解決策を探す

おむつ替え　Changing diaper

おむつ替えにも慣れてきた。
ときには、１日に８回もおむつ替えしなくちゃ。
替えたあとは、すっきりニコニコに

I got used to changing diapers.
I have to change diapers eight times a day sometimes.
Afterwards, my baby seemed all fresh and smiley!

Words&Phrase

got used to doing（動名詞、名詞、代名詞）：〜に馴れていく。*get* の過去形
change diapers：おむつ替え　※おむつは新しいものと使ったものが２枚。だから *diapers* と複数形に。
sometimes：ときには　*fresh*：さっぱり　*smiley*：ニコニコ

おむつかぶれ　Diaper rash!

ちょっとの間おむつを替えなかった。
すると……おむつかぶれができちゃった！
軟膏をぬってみた。かゆくありませんように。

I didn't change her diaper for a while.
And…she got a diaper rash!
I applied ointment. Hope you don't feel itchy.

Words & Phrase

for a while：しばらくの間　*diaper rash*：おむつかぶれ
applied：ぬった。*apply* の過去形　*ointment*：軟膏　*itchy*：かゆい

便秘に下痢　Constipation and diarrhea

昨日までは便秘。
今日は下痢。
子どもの世話って、簡単にはいかないものね。

She was constipated till yesterday.
Today, she had diarrhea.
It's not easy taking care of a baby.

Words & Phrase

constipated：便秘になった　*diarrhea*：下痢　*take care of* 〜：〜の世話をする
It's not easy 〜ing：〜するのは簡単ではない

よしよし There, there...

楓太はとてもよく泣く。なぜそんなに泣くんだろう？
お腹がすいたの？　おむつが蒸れるの？　それとも……
よしよし……ママがイヤなことぜーんぶなくしてあげるからね。

Futa cries very often. Why does he cry so often?
Are you hungry? Is your diaper sweaty? or…
There, there…Mommy will get rid of whatever you don't like.

Words&Phrase

diaper is sweaty：おむつが蒸れる　*There, there…*：よしよし
get rid of ~：～を取り除く

手足をバタバタ Move one's arms and legs

ベビーベッドに寝転んで
結衣は手足をバタバタ
赤ちゃんて、ほんと、見ていて飽きない。

Lying in the baby bed,
Yui moved her legs and arms.
I'm never bored looking at my baby.

Words&Phrase

lie in the bed：ベッドに横になる　*I'm bored*：飽きる
never：決して～ない　*look at ~*：～を見る

スヤスヤ眠る Sleep soundly

窓から差し込む日差しの中で
さくらはスヤスヤ眠っていた
彼女を見ていて幸せな気分に。

In the sunlight coming through the window,
Sakura was sleeping soundly.
I was happy to look at her.

Words & Phrase

sunlight：日差し　*come through* ～：～を通りぬけてくる

基本構文 P43（*I was happy to* 動詞の原型　～してうれしかった）

抱っこでネンネ Falling asleep in my arms

葵は抱っこしているとよく寝てくれる。
でもひとたびベッドに寝かすと、目がぱっちり！
また抱っこしてあげたら、今度はぐっすり。

Aoi always sleeps well when I'm holding her.
Once I laid her on the bed, she woke up!
I picked her up again and she slept tightly this time.

Words & Phrase

sleep well：よく眠る　*hold*：抱っこする
laid someone on the bed：ベッドに寝かせた。*lay* の過去形
picked ～ up：～を抱き上げた。*pick* の過去形　*sleep tightly*：ぐっすり眠る

沐浴中！ <u>Taking a bath</u>

パパが美優を沐浴させてくれた。
お湯にぷかぷか。
とっても気持ちよさそう。

Daddy gave Miyu a bath.
She was floating in the hot water.
It seemed very comfy.

Words&**P**hrase

gave ~ a bath：〜をお風呂に入れた。*give* の過去形　*float*：浮かぶ
hot water：お湯　*It seemed ~*：〜に見えた。*seem* の過去形　*comfy*：心地いい

おへその消毒　<u>Sanitize the belly button</u>

毎日おへその消毒をする。
ついに、翔のへその緒が取れた！
宝物として、大切にとっておこう。

I sanitize his belly button every day.
Sho's umbilical cord finally came off!
I'll keep it as my treasure.

Words&**P**hrase

sanitize：消毒をする　*belly button*：おへそ　*umbilical cord*：へその緒
came off：とれた。*come* の過去形　*treasure*：宝

湿疹が出た Got a rash!

美咲の顔に湿疹が出た。
かわいそうに。
明日、病院に連れて行こう。

Misaki got a rash on her face.
I felt sorry for her.
I'll take her to the hospital tomorrow.

Words&Phrase

rash：湿しん　*got a rash*：湿疹が出た。*get* の過去形
sorry：かわいそうに　※*I'm sorry* は、ごめんなさい以外にもかわいそう、お気の毒、ご愁傷さまなどいろいろ使われます。

基本構文　P46（*will take* 人 *to* 場所　人を場所に連れていくつもりだ）

胸が張った My breast is swollen

最近蓮があまりおっぱいを飲んでくれない。
おかげで胸が張って痛い。
なるべく早くお医者さんに行かなくちゃ。

Ren doesn't drink breast milk these days.
So my breast is swollen and it hurts.
I have to go to see the doctor as soon as possible.

Words&Phrase

breast milk：母乳　*these days*：最近　*swollen*：張った。*swell* の過去分詞
go to see the doctor：医者に行く　*as soon as possible*：できるだけ早く

汗っかき <u>Sweaty baby</u>

莉子はとても汗っかき。
いつも1日に2回は着替えさせる（少なくとも）。
毎日お洗濯で大忙し。

Rico is always very sweaty.
I always change her clothes twice a day (at least).
I'm very busy with laundry.

Words & Phrase

sweaty：汗っかき　*change one's clothes*：〜の洋服を変える
busy with 〜：〜で忙しい

音にビクッ！ <u>Respond to sounds</u>

駿は音にビクッと反応する。
お医者さまが、これはモロー反射だと教えてくれた。
それと知るまで、この動きが心配だった。ホッとした。

Shun responds to sounds with a small tremble.
The doctor told me that it's called Moro reflex.
I worried about the movement before I knew that. I was relieved.

Words & Phrase

respond to 〜：〜に反応する　*tremble*：震え
be called 〜：〜と呼ばれている　*I'm relieved.*：ホッとする
基本構文 P54（*I worried about 〜*　〜が心配だ）

夜泣き Night-time crying

幸菜は何度か夜泣きをする。
おっぱいをあげるか、あやすことに。
ぐっすり眠れないなぁ。

Yukina cries sometimes in the night.
I have to give her breast milk or cradle her.
I can't sleep well at all.

Words&Phrase

cry in the night：夜泣きをする　*breast milk*：母乳　*cradle*：あやす
I can't sleep well：よく眠れない

おじいちゃん・おばあちゃん
Grandfather & Grandmother

一真のおじいちゃんと、おばあちゃんが会いにやってきた。
ガラガラとモービルをプレゼントに持ってきた。
なんて優しいんでしょう。

Kazuma's grandpa and grandma came to see him.
They brought a rattle and a mobile as a gift.
How sweet they are!

Words&Phrase

grandpa：おじいちゃん　*grandma*：おばあちゃん
came to see 〜：〜に会いにやってきた。*come* の過去形
brought 〜 *as a gift*：〜をプレゼントとして持ってきた。*bring* の過去形
rattle：ガラガラ　*mobile*：モービル

基本構文 P45（*How* 形容詞　なんて〜なの）

体調がいまひとつ Out of shape

お産のあと、どうも体調がいまひとつ。
発疹が出たり、疲れやすい。
誰かにヘルプをお願いしようかな。

Since I gave birth, I'm out of shape.
I have a rash and get tired easily.
I'm thinking of asking somebody to help me.

Words&Phrase

gave birth：出産した。*give* の過去形　*out of shape*：不調　*rash*：発疹
get tired：疲れる　*easily*：簡単に

ダイエット中！ I'm on diet!

先週ダイエットをはじめた。
うちの子は母乳を飲んでくれない。
だから、体重を減らすのが大変。でも、がんばろう！

I started dieting last week.
My baby doesn't like to drink breast milk,
so it's hard to lose weight. Hang in there!

Words&Phrase

last week：先週　*like to do*：*do* しがちだ　※ *don't like to do* で、あまり
do しない。　*breast milk*：母乳　*It is hard to do*：*do* することがむずかしい
lose weight：減量する　*Hang in there*：がんばれ

1ヵ月検診　The first month check-up

響を1ヵ月検診に連れて行った。
まったく問題なし！
看護師さんにいろいろ質問をしたら、彼女はとても親切に答えてくれた。

I took Hibiki to the hospital for the first month check-up.
He didn't have any problem.
I asked the nurse many questions. She answered me with courtesy.

Words&Phrase

took someone to the hospital：病院に〜を連れて行った。*take* の過去形
check-up：検診　*problem*：問題　*with courtesy*：丁寧に

子どもが
生まれたときから
1ヵ月、
ママの気持ち

とてもかわいい。
She/He is so cute.

どうして泣くの？
Why do you cry?

とっても幸せ。
I'm very happy.

やっと会えた！
Finally, I could meet you!

どうしていいかわからない。
I'm not sure what I should do.

何もかも初めての経験。
Everything is the first experience.

人生の中のたった10ヵ月。
It was only ten months in my life.

でも、何よりも大切だった10ヵ月。
It was, however,
the most important ten months.

なんて小さいの！
How tiny you are!

転ばないように、栄養を取るように、お酒もやめて……
I tried to not fall,
to take in good nutrition,
to stop drinking…

こんなに頑張ったご褒美が、
あなたが生まれてくれたこと。
I did my best and the reward was
that you were born.

なんて愛おしい！
How lovely you are!

1〜2ヵ月

夜も昼もいっぱい泣いて、いっぱい眠る赤ちゃん。寒くないように、お日さまがまぶしくないように気遣いながら、ほんのちょっと散歩をしたり。これでいいのか迷いながら、ママとして精一杯のこの時期。あとで読み返したら「このくらい大丈夫だったのに」って笑えるかもしれません。

お宮参り　Going to a shrine

うちの生まれたての子、茜を連れてお宮参り。
彼女には赤い着物を着せた。とても愛らしかった。
誰もがとても幸せそう。

We took our new-born baby, Akane, to a shrine.
I dressed her in a red kimono. She looked so lovely.
Everybody seemed very happy.

Words&Phrase

new-born baby：新生児　*shrine*：神社
dressed ＋人：人に着せた。*dress* の過去形　*lovely*：愛らしい

すくすく育って <u>Growing up so quickly</u>

翼はすくすくと育っている。
1月で800グラム増えて、4センチも伸びた。
来月の計量が楽しみ。

Tsubasa is growing up so quickly.
He gained 800 grams and become 4 centimeters taller in a month. I can't wait for the next month's measurement.

Words&**P**hrase

grow up：成長する　*quickly*：素早く　*in a month*：1ヵ月で
基本構文 P42（*I can't wait for* 名詞　〜が楽しみだ）

お日さまに当たって <u>Sunbathing</u>

今日はとってもいいお天気だった。
バルコニーで日光浴。
太陽の光の中で、彼女はとても幸せそうだった。

Today, it was a nice day.
We did sunbathing on the balcony.
She seems so happy in the sunlight.

Words&**P**hrase

sunbathing：日光浴　*balcony*：バルコニー　*in the sunlight*：太陽の光の中で

公園でお散歩　A stroll in the park

大輝を一番近くの公園へ連れていった。
ベビーカーを押しながら、ぶらりぶらり。
大輝は寝ちゃった。外気浴って気持ちいい。

I took Daiki to the nearest park.
I was strolling while pushing the baby carriage.
He fell asleep. It's very nice to take in the outside air.

Words & Phrase

the nearest：一番近い　*stroll*：ぶらぶら歩く　*while ～*：～しながら
baby carriage：ベビーカー　*fell asleep*：眠った。*fall* の過去形
take in the outside air：外気浴をする

ママのお友達　Two friends of mommy's visiting

午後、友達ふたりが遊びに来た。
交代で陸斗を抱っこし、あやしていた。
陸斗は泣かずに、彼女たちをじっと見ていた。

Two friends of mine visited in the afternoon.
They were holding Rikuto in turn, cuddling him.
Rikuto was just staring at them without crying.

Words & Phrase

in the afternoon：午後に　*hold*：抱っこする　*in turn*：順番に
cuddle：(抱いて) あやす　*stare at ～*：～をじっと見る

名前がわかるんだ！ <u>Oh, you know your name!</u>

「結衣」って呼んだら、私のほうに顔を向けた。
わあ、名前がわかるのね！
明日は何ができるかな？

When I called "Yui," she turned her face toward me.
Wow, you know your name now!
What will you do tomorrow?

Words & Phrase

turned face toward 〜：〜のほうに顔を向けた。*turn* の過去形

指をおしゃぶり <u>Sucking a finger</u>

最近、悠太が指のおしゃぶりをはじめた。
お医者さまによると、今は指をしゃぶってもいいのだとか。
手遊びをはじめると、自然にやめるからだそうだ。
口の形が気になるんだけどね。

Yuta started sucking his finger these days.
The doctor told me that sucking a finger is OK for now.
Once he starts playing with his hands, he will stop it.
I care for the shape of his mouth though.

Words & Phrase

suck one's finger：指をしゃぶる   *these days*：この頃
play with hands：手で遊ぶ   基本構文 P54（*I care for* 〜　〜が心配だ）

寝ている間に… While sleeping...

晴樹が寝ている間に、家事をこなす。
今日は、すべての部屋に掃除機をかけた。
明日は、棚の上の拭き掃除をしよう。本当は、休みたいけどね。

I just do household chores while Haruki is sleeping.
Today, I vacuumed all the rooms.
Tomorrow, I'll wipe the shelves. Actually, I want to take a rest though.

Words&Phrase

household chores：家事　*while*：〜している間に
vacuumed：掃除機をかけた。*vacuume* の過去形　*wipe*：拭く
actually：本当のところ　*take a rest*：休みを取る　*though*：〜だけど

あ、笑った！ Smiling!

ガラガラで萌々花をあやしていると、
私に向かって笑った！
何かに反応して笑うのは初めてだった。

When I was comforting Momoka with a rattle,
Momoka smiled at me!
It was the first time to react with a smile.

Words&Phrase

comforting：元気づける、あやす。*comfort* の進行形　*rattle*：ガラガラ
smiled at 〜：〜に笑いかけた。*smile* の過去形

基本構文 P31（*It was the first time to* 動詞の原型　初めて〜した）

ニコニコな子 A happy baby

勇人は本当にハッピーな子。
いっつもニコニコしている。
あやしたら、もっともっとニコニコに。

Yuto is a really happy baby.
He smiles all the time.
If we cuddle him, he gives us an even bigger smile.

Words&Phrase

all the time：四六時中 *cuddle*：(抱いて)あやす
even：比較級を強めてもっと、さらに *bigger*：もっと大きな

初めての抱っこひも The first baby sling

初めて抱っこひもを使った。
最初、使うのが怖かった。
使い慣れてきた後は、とっても快適だった。

I used the baby sling for the first time.
At first, I was scared to wear it.
After getting used to using it, it was very comfy.

Words&Phrase

sling：抱っこひもの総称 ※バック型のものを *baby front pack* など、形が違うと、呼び方も少しずつ変わります。
scared：怖かった。*scare* の過去形 *wear*：装着する
get used to doing（動名詞、名詞、代名詞）：～するのに慣れていく
comfy：快適

昼も夜も区別なし Day and night are all the same

雛は、一晩に何度も泣く。
寝ている間にミルクをあげることに。
まだ、昼と夜の区別がつけられない。
私はいっつも眠くてしかたない。

Hina cries several times a night.
I have to give some milk during the night when I'm sleeping .
She still doesn't know the difference between day and night. I'm so sleepy all the time.

Words&**P**hrase

all the same：すべて同じ　*cries*：*cry* の三人称　*several times*：数回
know the difference between A and B：AとBの区別をつける
I'm sleepy：私は眠い　*all the time*：四六時中

子どもが1〜2カ月、ママの気持ち

だいぶ慣れてきた。
I get used to taking care of baby.

まだまだ必死！
I'm still struggling!

毎日が楽しい。
I enjoy every day.

あなたは私の大切な宝物。
You are my precious treasure.

ママになった実感がわいた。
I feel like I've really become a mother.

無事に育ってね。
I hope that you grow up safely.

その笑顔で幸せになれる。
Your smile makes me happy.

たまにはひとりの時間が欲しい。
I want to have time (to be) alone sometime.

あ、笑った。
Oh, he/she smiles.

抱っこしたら、泣きやんでくれた。
私にできる確かなことをひとつ、見つけた。
You stop crying when I hold you.
I found a certain thing that I can do.

どうやったら泣きやむの？
What should I do to make you stop crying?

とにかく毎日眠い。
I'm just sleepy every day.

子どもと英語のお話

赤ちゃんがおしゃべりしてくれる喃語(なんご)には、世界中の言葉の"音"が含まれているといわれます。

そう、生まれたての赤ちゃんは、言葉の天才!

だから、日本人だってアメリカで育てば英語、中国で育てば中国語を話せるわけです。

その持って生まれた音が、大人になるにつれてだんだん失われてしまいます。

境目にはいろんな学説があるけれど、多くは8歳〜13歳。これが「言語の臨界期」とされています。つまりこの年を過ぎると、新しい言葉を「ネイティブ」として身につけるのはむずかしいよ、というわけです。

ネイティブ・レベルは目指さないまでも、この時期より前のほうがスーッと言葉が入ります。

よく、「聞いているうちに自然に英語が話せるようになった」というのは、まさにこの時期。音のシャワーが特に効果的なのも、この年齢までなのです。

私も、娘の優花には、小さなときから英語のDVDを見せたり、英語の朗読絵本をかけていました。仕事をしながら家事をこなすので、ひとりで遊ばせる時間に仕方なく見せるテレビ。せっかくなら、英語の音を聞かせておこうと思ったのです。

この時期は、すべてが遊び。だから、英語だってほかの言語だって、遊びの中で楽しく覚えられます。

今は3歳手前。What's this?(これ何?)とか、Open, close(開いて、閉じて)とか簡単な英語を話したり、ABCやキラキラ星などを英語で歌ったりします。

しかも、英語を話していい場面や人をわかって話をしています。教えたわけではないのですが、どうやら子どもなりに言語の雰囲気を感じているようです。受験とか、英語学習とか、そんなお仕着せではつまらない。

言葉は、勉強して一生懸命に覚えるものではなくて、遊びの中で自然に身につけていくものだなぁと、つくづく思います。

子どものほうから「楽しいからもっとやりたいな」と言うときに、思う存分楽しませてあげる。それが、英語上達の一番の方法かと思います。

2〜3ヵ月

おっぱいを飲ませるのも、哺乳瓶の消毒だって、手慣れたもの。泣くだけだったわが子も、表情を変えたり、目で物を追ったりと、反応を見せてくれるように。

ちょっぴりママらしくなって、ゆとりがあるときには、少しだけ多めに英語日記をつけてみましょう。

ママらしくなったかな　I've become a real mom

赤ちゃんの世話にも慣れてきた。
ママらしくなってきたように思う。
あなたの成長が楽しみ。

I've gotten used to taking care of baby.
I feel that I've become a real mom.
I just look forward to watching you grow up.

Words & Phrase

take care of 〜：〜の世話をする　*feel*：感じる　*real*：本当の
基本構文 P42（*look forward to 〜 ing*　〜が楽しみだ）

エビぞりに、キック！ Leaning back and kick!

遥はますます活発になってきた。
抱き上げると、エビぞりしたり、キックしたり。
あなたは、おてんば娘なのね。

Haruka becomes more and more active.
When I picked her up, she leaned back and kicked me.
You are a naughty girl, aren't you?

Words & Phrase

become ～：～になる　*more and more*：ますます　*active*：活発
picked someone up：抱きあげた。*pick* の過去形
leaned back：そりかえった。*lean* の過去形　*naughty*：やんちゃな
aren't you?：付加疑問文。～ですね？ と相手に同意を求めたりするときに使われる

声をたくさん出すように Raising voice very often

ソラは頻繁に声を出すようになってきた。
ああああ、とか、ううううとか。
あなたが私になんて言っているのか知りたいな。

Sora starts raising his voice very often.
He says sounds like Aaaa, Woooo.
I'd like to know what you want to say to me.

Words & Phrase

raise one's voice：声を出す　*very often*：とても頻繁に
I'd like to do：*do* したい　*what you want to do*：あなたがしたいこと

ご機嫌な1日　A happy day

なぜか、今日は1日中真央のご機嫌がよかった。
泣かないし、ずっとニコニコ。
毎日、今日みたいにいて欲しいな。

I don't know why but Mao was happy all day.
She didn't cry at all and smiled the whole time.
Could you be like today every day?

Words&Phrase
I don't know why：なぜかわからない
all day：1日中　*not at all*：まったく〜ない　*whole time*：常に

目で追いかけて　Following things with the eyes

ガラガラをふっていると、
幸太がそれを目で追いかけていた。
ときどき笑って。この子の笑顔が大好き。

When I was shaking a rattle,
Kota was following it with his eyes.
He smiles sometimes. I love his smile.

Words&Phrase
shake：ふる　*rattle*：ガラガラ　*follow*：追いかける
follow ~ with one's eyes：〜を目で追いかける

おしゃぶり、大好き！ Love that pacifier

美桜はおしゃぶりが大好き！
ちゅうちゅうやっているときは、とにかく大人しい。
週末、なにかかわいいおしゃぶりを探しに行こう。

Miou loves her pacifier.
Whenever she sucks it, she is just calm.
I'll find some cute pacifier this weekend.

Words&Phrase
pacifier：おしゃぶり　*suck*：（ちゅうちゅう）吸う　*calm*：穏やかな

生活にリズムが！ Getting daily rhythm

この頃は響に生活のリズムが出てきた。
朝は（とりあえずだけど）起きて、夜は寝る！
大人には自然なことだけど、赤ちゃんにとってはスバラシイ！

Hibiki got into a daily rhythm these days.
He wakes up (anyway) in the morning, sleeps at night!
This is a natural thing for adults, but it's a great feat for a baby!

Words&Phrase
daily rhythm：日常（生活）のリズム　*these days*：この頃
wake up：起きる　*anyway*：とりあえず　*feat*：きわだった功績

お散歩にワクワク　Excited to go walking

祐樹はお散歩が大好き。
ひとたび外に出ると、泣きやんで、ワクワクして見える。
それはもう、まるで魔法のよう。

Yuki likes to take a walk.
Once out of the house, he stops crying and looks excited.
It's just like magic.

Words&Phrase

take a walk：散歩する　*out of the house*：家から出る　*stop ~ ing*：~することをやめる　*excited*：ワクワクする　*It's just like ~*：まるで~のよう

表情が豊かに　Became expressive!

この頃、稜の表情が豊かになってきた。
今日は、私が笑いかけると、笑い返してきた。
気のせいじゃないよね？

Ryo became expressive these days.
Today, I gave him a smile; he smiled back at me!
I didn't imagine it, did I?

Words&Phrase

expressive：表情豊か　*these days*：この頃
gave a smile：笑いかけた。*give*の過去形
smiled back：笑い返した。*smile*の過去形

声を出すように　Vocalizing

莉奈が声をだすようになった。
「あー」とか「うー」とかそんな音。
早く話せるようにならないかな。

Rina started vocalizing.
She makes the sounds "Ahhhh""Wooooo."
I can't wait for her start speaking.

Words&Phrase

vocalize：(言葉にならない) 声を出す　*sound ～*：～のような音がする
基本構文 P42（*I can't wait for* 名詞　　～が楽しみだ）

パパもすっかり慣れて
Daddy get used to cuddling baby

パパもすっかりあやすのに慣れて、
芽衣もパパの腕の中でご機嫌。
素敵なパパとその赤ちゃん（パパっ子だねぇ）

Daddy totally got used to cuddling Mei.
She also seems happy in his arms.
They are a nice father and baby. (She is a real daddy's girl.)

Words&Phrase

cuddle：(抱いて)あやす　*seem ～*：～に見える　*in one's arms*：腕の中で

夕方になぜ泣くの？
Why do you cry in the late afternoon?

彩音はいつも夕方になると泣く。
誰かがそれは「黄昏泣き」って言うんだと教えてくれた。
お医者さまでもその原因ははっきりしないというけれど、まるで映画のタイトルみたい。

Ayane always cries in the late afternoon.
Somebody told me that it is called "twilight crying."
Even the doctor is not sure of the reason why, but it sounds like the title of a film.

Words & Phrase

late afternoon：夕方　*twilight*：黄昏　*not sure* はっきりわからない
the reason why 〜：どうして〜かの理由
It sounds like 〜　まるで〜のようだ

子どもが2～3カ月、ママの気持ち

どんどん、おもしろくなってきた。
I enjoy it more and more.

少しだけ余裕がでてきたな。
I have got a bit more room to breath.

"ママ"であることに慣れてきたよ。
I'm really getting used to being a mom.

パパが手伝ってくれてうれしい。
I'm happy that Daddy helps a lot.

ママらしくなったかな。
Have I become a real mom?

出かけてみようかな。
I feel like going out.

成長が楽しみ。
I look forward to seeing her/his growing up.

パパにもう少し手伝ってほしい。
I would like to my husband help me a little more.
I would like Daddy to help a little more.

お友達に会ってこよう。
I'll go to see friends of mine.

疲れがたまってきた。
I'm getting tired.

いつになったらゆっくり寝られるかなぁ。
I wonder when I can have time for a good night's sleep?

ダイエットしたほうがいいかな？
Should I go on a diet?

3〜6ヵ月

笑ったり、腹ばいでバタバタしたり、ハイハイをはじめたり……。外を歩けば、いろんな人から声をかけられて道ばたのアイドルになったり。反応もどんどん変わっていくこの時期。うれしい、悲しい、困った……なんて、自分の気持ちと一緒に残しておきましょう。

首がすわって　Holding head up!

悠馬を抱くときは怖かった。
いっつも手を首の後ろに当て続けてた。
ついに、悠馬の首が据わった！ヤッホー！おめでとう！

Whenever I held Yuma, I was scared.
I always kept my hands behind his neck.
Finally, Yuma holds his head up! Yahoo! Congrats!

Words & Phrase

whenever 〜：〜のときはいつも　*hold one's head up*：首が据わる
yahoo：ヤッホー！ やったー！　*congrats*：おめでとう。*congratulations* の略

飛行機のポーズ!?　Posing like an airplane

美優が腹ばいになった。
それから、手足をバタバタ動かしはじめた。
まるで、飛行機の真似をしているみたい。それがすっごいおかしかった。

Miyu lay on her belly.
Then she started moving her arms and legs.
She seemed to be imitating an airplane. It was so funny.

Words&Phrase
lay on one's belly：腹ばいになった。*lie* の過去形　*imitate*：まねをする

寝返りした！　Rolling over!

今日、春樹が初めて寝返りを打った！
下に敷いたタオルをもって、その反動を使って。
うーん……反則にも見えるけど、よしとしよう！

Haruki rolled over for the first time today!
He held the towel under him and used its pull.
Mmm…it seemed a foul play, but it's OK with me!

Words&Phrase
rolled over：寝返りを打った　*for the first time*：初めて
pull：引っ張る力、抵抗力　*foul play*：反則

ずりばいで前進！ Creeping forward

魁人がズリズリとずりばいをはじめた。
すばしっこいったら。
一瞬たりとも目が離せなかった。

Kaito started creeping and crawling with his arms.
He moved very quickly.
I couldn't look away even for a second.

Words&Phrase
creep：ずりばい　*crawl*：ハイハイ
crawl with arms：腕で這う、ずりばい　*look away*：目を離す

爪をパチン Cut the nails

今日は啓太の爪を切った。
手をしっかり握って、注意深く1本1本パチン。
啓太、動き回らないで！　次はじっとしていてね。

I cut Keita's nails today.
I held his hands and cut each nail very carefully.
Hey Keita, don't move around! Just stay still next time.

Words&Phrase
held hand：手を握った。*hold* の過去形　*carefully*：注意深く
don't move around：動き回らないで！　*stay still*：じっとしている

授乳のリズム　Feeding rhythm

授乳回数が減ってきた。
3、4時間ごとに授乳するように。
できれば、夜中に飲まなくなってくれないかしら。

The number of feeding times is decreasing.
I feed him milk every three to four hours.
I hope he stops drinking milk during the night.

Words&**P**hrase

be decreasing：だんだん減っていく
every ~ hour (s)　～時間ごとに　*during ~*：～の間

眠くなるとぐずぐず　Grizzle before sleeping

眠くなると、いつも沙希はぐずりだす。
ぐずったら、抱っこしてゆらゆら。
一度寝てしまったら、本当に幸せそう。

Saki always grizzles when she feels sleepy.
I hold and cradle her when she grizzles.
Once she starts sleeping, she looks so happy.

Words&**P**hrase

grizzle：ぐずる　*feel sleepy*：眠く感じる
cradle：ゆりかごで寝かせる、ゆらゆらとあやす

あ、握った！ Hold a rattle!

ガラガラを竜生に渡した。
初めて、握った！
やったー！　明日パパにも見せてあげてね。

I gave a rattle to Ryusei.
He held it for the first time!
You did it! Show it to your daddy tomorrow.

Words&**P**hrase
rattle：ガラガラ　*for the first time*：初めて
You did it!：やったー！ できた！

自分の手をじっと見て Staring at own hand

ハナはじっと自分の手を見ていた。
まるで、なにか不思議なものでも見ているかのよう。
どうやら、自分自身に興味を持ったみたい。

Hana was staring at her own hand.
It seemed like she was looking at something mysterious.
I found that she was interested in herself.

Words&**P**hrase
stare at ～：～をじっと見る　*seemed like ～*：まるで～のよう。*seem* の過去形　*look at ～*：～を見る　*mysterious*：不思議な
基本構文 P50（*I found that ～*　　～とわかった）

鏡の中の自分　A baby in the mirror

小太郎に鏡を見せた。
鏡の中をのぞき込んで、何やら動いているものを見つけた。
知ってる？　それって、あなたなんだよって教えてあげた。

I showed Kotaro a mirror.
He looked into the mirror. He found something moving.
You know what? It's you, I taught him.

Words & Phrase

looked into the mirror：鏡をのぞき込んだ。*look* の過去形
You know what?：知ってる？　と呼びかけるときに使う言葉
taught：教えた。*teach* の過去形

ひとりでお座り　Sit oneself

驚いちゃった！
クッションをとっても、日向は自分でお座りできた！
で……左にコテンと転んだけれど。

I was surprised!
I took away the cushion, still Hinata could sit by herself!
Then…she fell to the left side though…

Words & Phrase

I was surprised：驚いた　　*took away 〜*：〜をどけた。*take* の過去形
sat：座った。*sit* の過去形　　*then*：それから　　*fell*：転んだ。*fall* の過去形
though：〜だけれど

おもちゃに手を伸ばして Try to reach a toy

康生が何かに手を伸ばしている。
トミカが欲しいんだ。
今や、何がほしいかわかるようになったのね。

Kosei tried to reach something.
He wanted to get a Tomica.
Now, he knows what he wants!

Words&**P**hrase
reach：届く、手を伸ばす   *what he wants*：彼が欲しいもの

いない、いない、ばあー！ Peek-a-boo!

いない、いない、ばあー！　菜奈が笑った。
あら、かわいい。
娘とこれで遊ぶのが、すっごい楽しい。

"Peek-a-boo"! Nana smiled.
Oh, that's lovely.
It's fun to play it with her.

Words&**P**hrase
peek-a-boo：いないいないばあ
基本構文 P44 (*It was fun to* 動詞の原型　～して楽しかった)

たかい、たか〜い！ Lifting up!

大雅を高い高いした。そーれ！
キャッキャッと笑った。
ほんとーに、楽しそうだった。

I lifted up Taiga. There you go!
He cackled.
He looked so happy.

Words & Phrase

lifted up：高い高いをした。*lift* の過去形
there you go：「そーれ」などのかけごえ　*cackled*：キャッキャッと笑った。
cackle の過去形

お食い初め　The first eating ceremony

お食い初め用の料理を用意した。
お赤飯、鯛、汁物などなど。
子どもが幸せになれますように。

I prepared some special dishes for Okuizome;
Red steamed rice, sea bream, soup and so on.
I hope for her happiness.

Words & Phrase

special dish：特別料理　*red steamed rice*：お赤飯　*sea bream*：鯛
soup：汁物　*hope for* 〜：〜を望む

離乳食作り Cooking baby food

今日は、初めて離乳食を作った。
ニンジンをゆでてつぶしてみた。
隆は変な顔をしたけれど、とりあえずは食べてくれた。

Today, I cooked baby food for the first time.
I boiled carrots and mashed them.
Ryu made a funny face, but he ate it anyway.

Words & Phrase

baby food：離乳食　*for the first time*：初めて
boiled：茹でた。*boil* の過去形　*mashed*：つぶした。*mash* の過去形
funny face：面白い顔　*ate*：食べた。*eat* の過去形　*anyway*：とりあえず

離乳食で遊んじゃった Played with baby food

ゆでたほうれん草、マッシュドポテトにニンジンを作った。
みんなとってもカラフル。で、絵の具みたいにお皿に並べた。
気分はピカソ。遊んじゃった。

I cooked boiled spinach, mashed potato and carrot.
They seemed very colorful. So I arranged them on the plate like paints.
I pretended being Picasso. I played with it.

Words & Phrase

spinach：ほうれん草　*carrot*：にんじん
arranged：アレンジした。*arrange* の過去形　*paint*：絵の具
pretended：〜のふりをした。*pretend* の過去形

初めての果汁　The first fruit juice

リンゴをすって、絞った。
その果汁をスプーンでモナにあげてみた。
それを飲むと、ニッコリ。果汁が好きなのね。

I grated an apple and squeezed it.
I gave the juice to Mona with a spoon.
She drank it and smiled. Oh, you like it, don't you?

Words&Phrase

grated：すった。*grate* の過去形　*squeezed*：絞った。*squeeze* の過去形
juice：果汁　*you like it, don't you?*：付加疑問文：※相手に確認したり、念を押すときに使う。

危ない！　Watch out!

夕食の準備中、竜太から目を離していた。
竜太がベッドから落ちた！　あっ痛っ！
大丈夫だったけど、本当に注意しなくちゃ。

When I was preparing for dinner, I took my eyes off Ryuta.
Ryuta fell off the bed! Ouch!
He was OK but I have to be really careful.

Words&Phrase

Watch out!：気をつけて！危ない！　*prepare for dinner*：夕食の準備をする
took one's eyes off ~：~から目を離した。*take* の過去形
fell off ~：~から落ちた。*fall* の過去形　*ouch*：痛い
careful：気をつける

予防接種に大泣きで Crying at the immunization

沙希を予防接種に連れていった。
部屋に入ったら泣きはじめた。
注射をされたときが、泣き声のピーク。
ごめんね。でも、しなくちゃいけないのよ。

I took Saki to get an immunization.
She started to cry when we got into the room.
When she got the injection, her crying was at its peak.
I'm sorry, but we have to do it, my dear.

Words & Phrase

immunization：予防接種　*got into* 〜：〜に入った。*get* の過去形
injection：注射　*my dear*：「愛しい人」といった呼び掛けの言葉
基本構文 P46（*took* 人 *to* 場所　人を場所に連れて行った）

チャイルドシートでドライブ
Go driving in the car seat

凛をチャイルドシートに乗せた。
最初は脱走をはかっていた。
でも、車が動きはじめると、モービルをニコニコして眺めていた。

I put Rin in the car seat.
She tried to escape at first.
Once the car started moving, she started looking at the mobile with a smile.

Words & Phrase

car seat：チャイルドシート　*escape*：逃げる　*mobile*：モービル
with 〜：〜な状態で　※動作などについたときには、その状態を表します。

子どもが
3〜6カ月、
ママの気持ち

あなたの寝顔、なによりホッとする。
Looking at your sleeping face
makes me feel at ease.

子育てって、なんて創造的！
What creative work raising kids is!

早く大きくなってね。
でも、この時間もずっと続いてほしいけどね。
I want you to grow up fast.
I also want this time to last forever.

世界中を敵にまわしても、
ママはあなたの味方。いつだって。
Even if the whole world is my enemy,
I'll be on your side. Anytime.

赤ちゃんて、あったかい！
How warm baby is!

私を縛りつけるあなた。
本当にそう。な〜んにもできない。
でも、これも幸せ。
あなたがいないことを意味するなら、自由になんかなりたくないな。
You make me feel tied down.
It's true. I can't do anything.
But, it also makes me feel happy.
I don't want to be free if it means you are not here.

6ヵ月～1歳

つかまり立ちした！ ひとりで立った！ 歩いた！
毎日が新発見ばかりで、人に伝えたいことがいっぱいの時期。「初めて〜した！」の表現を使いたくなる出来事の連続です。
ママの気持ちも感動や喜びがあふれていて、無理なく日記をつけたくなる日々かもしれませんよ。

ハイハイ、早い早い！ Fast crawling

どうしてそんなに早くハイハイできるの？
雛がハイハイ始めると、捕まえられないくらい。
お尻を見て。まるでマリリンのようにお尻フリフリ。うーん、セクシー!?

How come you can crawl so fast?
Once Hina starts crawling, I can't catch her.
Look at her bottom. She shook it and shook it just like Marilyn. Mmm…sexy!?

Words & Phrase

How come：どうして〜なの？　*crawl*：ハイハイする　*catch*：捕まえる
shook：振った。*shake* の過去形　*just like* 〜：まるで〜のように

立った、立った！ Standing up!

琢磨がテーブルにつかまって立った！
すっごい興奮！カメラを探しまわった。
見つけたと思ったら、もう琢磨は床に座ってた。あーあ。

Takuma held on to the coffee table and stood up!
I was so excited! I looked around for my camera.
When I found it, he was already sitting on the floor.
Oops…

Words&Phrase

held on to ~：〜につかまった。*hold* の過去形
coffee table：ローテーブル。ソファの前にあるような背の低いテーブル
looked around ~：〜を探し回った。*look* の過去形
sit on the floor：床の上に座る　*Oops*：あーあ、しまった！あらら

おもだちになった？ Making a friend?

雄大を児童館へ連れていった。
ひとりの女の子と遊んだ。その子は雄大とだいたい同じ月齢。
お友だちになれたかな？

I took Yudai to a children's center.
He played with a girl. She seems to be almost the same number of months old as Yudai.
Did you make friends with her?

Words&Phrase

children's center：児童館　*month(s) old*：月齢
make friends with ~：〜と友達になる

パパとふたりでお出かけ　Going out for a date

夫とふたりでディナーに出かけた。ふたりきり。
蓮はおばあちゃんとお留守番。
生まれてから初めて蓮から離れた。
たまにはおでかけさせてね。

I went out for dinner with my husband. It was just the two of us.
Ren stayed home with his grandma.
It was the first time I was away from Ren since his birth.
Let me go out once in a while.

Words & Phrase

went out for dinner：夕食に出かけた。*go* の過去形
just the two of us：ふたりきり　　*stay home*：留守番する
be away from ~　～から離れる　※ *be* 動詞のほか、*stay* も可能。
基本構文 P31（*It was the first time to* 動詞の原型　　初めて～した）

ぐるぐるいたずら書き！　Doodle around

低いテーブルの上にペンを置き忘れた。
菜々美はそれを見つけて、机にいたずらがき！
やられた！ でも、ある意味スゴイかも。ペンが使えたのね！

I left a pen on the coffee table.
Nanami found it and doodled around the table!
She did it! But, it's great in a way. She could use the pen!

Words & Phrase

doodled：いたずら書きした。*doodle* の過去形　　*in a way*：ある面

お座りだって完璧！ <u>Sitting up by yourself, perfect!</u>

今日は、康太をひとりで座らせてみた。
そのまま、そのまま……
やった！　ひとりでちゃんとお座りできた。

I made Kota sit by himself today.
Just stay like that…
Great! He could sit all by himself!

Words&Phrase

sit by oneself：ひとりで座る　*stay like that*：そのままでいる
great：すごい！やった！　*all*：すっかり

そろり、伝い歩き　<u>Little by little, cruising</u>

日和が家具につかまって動きまわるように。
伝い歩きがはじまった！
しっかりつかまって。少しずつ、そろりそろりと、1, 2, 3。

Hiyori began to move around while holding on to the furniture.
She started cruising!
Hold on tightly. Little by little, 1, 2, 3.

Words&Phrase

move around：動きまわる。　*hold on to ～*：～につかまって
cruising：伝い歩き　*tightly*：しっかりと　*little by little*：少しずつ

ママのあと追い Following after mom

翔馬はいつも私のあとを追いかけてくる。
トイレに行くときだって、ついてくる。
今日はお風呂を洗っていたら、翔馬は泣いて私を探していた。

Shoma always follows me around.
Even when I go to bathroom, he follows me.
Today, I was washing the bathtub. Shoma cried and looked around for me.

Words & Phrase

follow around：あとをついてまわる   *bathroom*：トイレ   *bath tub*：浴槽

ガーゼで歯磨き Brushing teeth with gauze

心の歯をガーゼで磨いた。
すごい力で私の指を噛んできた。痛かった！
赤ちゃんの噛む力の強さに驚いた。

I brushed Kokoro's teeth with gauze.
She bit so hard on my finger. Ouch!
I was surprised at the strength of a baby's bite.

Words & Phrase

brushed one's teeth：歯を磨いた。*brush* の過去形   *gauze*：ガーゼ
ouch：痛い！   *be surprised at ～*：～に驚く   *strength*：強さ
bite：噛むこと

ひとりで立った！ Stand up by himself!

振り返ったら、晴はひとりで立っていた！
なんにもつかんでいなくて。すこーしだけゆらゆら。
もう少しで転びそうだった。キャッチ！

When I looked back, Haru was standing by himself!
He didn't hold on to anything. He was slightly wavering.
He seemed to start falling. I caught him!

Words & Phrase

looked back：振り返った　*slightly*：かすかに　*waver*：揺れる
fall：転ぶ　*caught*：捕まえた。*catch* の過去形

よだれがいっぱい！ Dribble a lot!

琢磨はよだれがいっぱい。
今日はよだれだらけの顔でニコニコしていた。
スタイはグショグショ。1日に2回も取りかえた。

Takuma dribbles a lot.
Today he was smiling with his drooling face.
His bib was soaked! I changed his bib twice today.

Words&Phrase

dribble：よだれを流す　*drool face*：よだれでいっぱいの顔　*bib*：スタイ
soaked：びっしょり濡れた。*soak* の過去分詞　*twice today*：1日に2回

お菓子をつまんで Picking up sweets

今日、新が小さなお菓子を指でつまみあげた！
昨日まではむずかしかったのにね。
毎日、今日は何ができるか楽しみ。

Arata picked up small sweets with his fingers today.
It was difficult for him till yesterday.
Everyday, I'm looking forward to seeing what he can do that day.

Words&Phrase

picked up：つまみあげた。*pick* の過去形　*sweets*：お菓子
基本構文 P42（*I'm looking forward to ~ing.*　～が楽しみだ）

自分で飲んだ！ <u>Drink by herself</u>

愛梨の前にカップを置いてみた。
自分でカップを持って、お水を飲んだ！
でも、私の手はカップの下に添えておいたけれど。

I put a cup in front of Airi.
She held the cup and drank water by herself.
I kept my hand under the cup.

Words&Phrase
in front of ~：~の前に　*held*：持った。*hold* の過去形

歯が生えた！ <u>Cut her first tooth!</u>

結衣の口の中で、何か固くて白いものを発見。
最初の歯が生えたんだ！
おめでとう。本当に小さくてかわいい歯ね。

I found some hard white thing in Yui's mouth.
Yui cut your first tooth!
Congratulations. You got such a cute little tooth.

Words&Phrase
cut one's first tooth：初めての歯が生える　*congratulations*：おめでとう

これはボクの！ This is mine!

唯人が持っているおもちゃを取ろうとすると、渡してくれなかった！
それでわかった。「渡してちょうだい」っていうべきだって。
すると、渡してくれるんだ。

When I tried to take the toy from Yuito's hand, he didn't give it to me!
That's when I realized that I should say "Give it to me."
Then he gave it to me.

Words&Phrase

take ~ from …：…から～をとる　*give it to me*：私に渡してちょうだい

はくしゅ〜！ Clap your hands!

夢に「よくやったね〜」って言った。
夢はニコニコしてお手々をパチパチ。
よくできたね〜、今度はお手々パチパチしたことに。

I said "good job!" to Yume.
She clapped her hands with a smile.
Good job to your clapping your hands this time!

Words&Phrase

good job：よくやったね！がんばったね！　*clap one's hands*：手をたたく

バイバイ　Wave his hand

パパがバイバイって言いながら手を振った。
竜輝も自分の手を振った！
わあ、もうバイバイってわかるのね。

Ryuki's daddy waved his hand saying "bye-bye".
Ryuki waved his hand too!
Wow, now you know bye-bye.

Words&**P**hrase

waved one's hand：手を振った。*wave* の過去形

ママの携帯ラブ☆　I love mommy's cell

花音はママの携帯が大好き。
自分のおもちゃの携帯も持っているのに。
でも、いっつもママのに狙いを定めてる。気をつけなきゃ！

Kanon loves mommy's cell.
She has her own toy cell phone.
Still, she always targets mommy's. I have to watch out!

Words&**P**hrase

cell：携帯電話　※ *cellular phone／mobile／mobile phone* など言い方もあれこれ。　*target*：狙う　*one's own*：自分自身の　*watch out*：気をつけろ

ティッシュの山が
There was a tissue mountain...

部屋に掃除機をかけたあと、小さな白い山を発見。
いやだ！ 英太が箱から全部ティッシュを出しちゃった！！！
このいたずら坊主。二度とやっちゃダメよ！

After I vacuumed the room, I found a small white mountain.
Oh my god! Eita pulled out all the tissues from the box!!!
Hey, naughty boy. Never do that again!

Words & Phrase

Oh my god!：いやだ！信じられない！おやまあ！のような驚きを表現
pulled out：取り出した。*pull* の過去形
naughty：いたずらな　 *Never do it again*：二度とやるな

薬で戦い　Fight to take medicine

裕也が絶対に口を開けない。
薬用のスポイトを口の中グイ〜ッとネジ込んで。
やった！今回は私の勝ち！薬を飲みました。

Yuya never opens his mouth.
I squeezed the medicine dropper into his mouth.
I made it! I won this time! He took the medicine.

Words & Phrase

squeezed into 〜：〜にねじ込んだ。*squeeze* の過去形
medicine dropper：薬用スポイト　 *I made it*：やり遂げた。できた
won：勝った。*win* の過去形

ストローで飲めた！ Drink with a straw

夏樹にストローでお水のすすり方を教えた。
最初、途中まですって、一休み。
ついに、できたー！すごいね！

I showed Natsuki how to sip water with a straw.
At first, she sipped halfway and took a rest.
Finally, she made it! Great!

Words & Phrase

sip：すする　*at first*：まず最初に　*halfway*：途中
took a rest：休みをとった。*take* の過去形　*finally*：ついに
made it：できた。*make* の過去形　*great*：やった！すばらしい！など感嘆の気持ちを表現

風邪ひいた？ Did you catch a cold?

知樹が何度かくしゃみをした。ハックションって！
それに、鼻水もでてる。
明日小児科に連れて行こう。

Tomoki sneezed several times. Achoo!
He also has a runny nose.
I will take him to the pediatrician tomorrow.

Words & Phrase

catch a cold：風邪をひく　*sneezed*：くしゃみをした。*sneeze* の過去形
Achoo：ハックション　*runny nose*：鼻水　*pediatrician*：小児科

どうして食べないの？
Why don't you eat baby food?

大成はミルクをたくさん飲む。
でも、離乳食を食べてくれない。味を変えても、まったく食べない。
どうしたら食べてくれるのかな。

Taisei drinks milk a lot.
But he doesn't eat baby food. Even if I changed the taste, he didn't want any.
What can I do to make you eat some?

Words & Phrase
baby food：離乳食　*even if* ～：たとえ～しても
changed the taste：味を変えた。*change* の過去形

手づかみでゴハン　Eating with her hands

結華はいろんなものを食べはじめた。
スティック型のおいもをあげた。手でつかんで食べた。
おかゆだって、手で食べちゃう！

Yuika starts to eat many things.
I gave her a stick shaped potato. She ate it with her hands.
She eats even soft rice with her hands!

Words & Phrase
start to do：～しはじめる　*stick shaped*：スティック型の
ate：食べた。*eat* の過去形

1〜2歳

初めてのお誕生日。
あっと言う間の1年間。
あんなに小さかった赤ちゃんが、今や歩いたり、スプーンを持って食べたり！どんどん成長していく姿に、愛おしさだってひとしお。今までも、これからも、成長を見守るママとパパの気持ちを日記に託してみましょう。

お誕生日おめでとう！　Happy birthday!

今日はリオのお誕生日だった。
ちっちゃな誕生日ケーキを作った。
今年1年も幸せを祈っています。お誕生日おめでとう、リオ。

It was Rio's one-year-old birthday today.
I made a small birthday cake.
I wish you happiness all through this year. Happy birthday Rio!

Words & Phrase

I wish you happiness：あなたの幸せを祈っています
all through：〜を通してずっと

フォト・スタジオにて At a photo studio

フォトスタジオに行った。
カメラマンが宗谷を笑わせるためにおもしろい顔をした。
その顔ったらすごくおかしくて。私が写真で一番笑っていた。

We went to a photo studio.
The photographer made a funny face to make Souya smile.
The photographer's facial expressions were so funny, I had the biggest smile in the picture.

Words&Phrase

photo studio：写真館　*photographer*：写真家、カメラマン
funny face：面白い顔　*facial expression*：顔の表情

3歩、あんよ！ Three steps toddled!

ルナがじっと立っていた。すこしゆらゆら。
それから、よちよち1歩、2歩、3歩！
やったー！ルナは今日3歩歩いた！

Runa stood still. She was wavering a little.
And then she toddled: one, two, three!
Good job! Runa walked three steps today!

Words&Phrase

stood still：じっと立っていた。*stand* の過去形　*waver*：揺れる
toddled：よちよち歩いた。*toddle* の過去形　※洋服のサイズで *toddler* とあるのがこのよちよち歩きの小児のことです。

歩き出した　Began to walk

龍之介が歩き出した。
第1歩からたった2、3週間。
気をつけて！　転びそう。

Ryunosuke began to walk.
It's only a few weeks after the first step.
Be careful! You almost fell.

Words&**P**hrase

a few weeks 2、3週間　*the first step*：第1歩　*be careful*：気をつけて
fell：転ぶ（んだ）。*fall* の過去形

靴を探して　Looking for his first shoes

幸助の初めての靴を買いに出かけた。
軽くて、水色のコットンの靴にした。
とっても小さくてかわいい！

I went to buy Kosuke's first shoes.
I bought (a pair of) light, blue cotton shoes.
They are so tiny and cute!

Words&**P**hrase

bought：買った。*buy* の過去形　*a pair of* ～*:* つがいの　※靴などふたつでひと組のものを数えるときに使います　*tiny*：小さい

お庭でお散歩　Taking a walk in the garden

家の庭で、麻友の手を取って歩かせた。
少しずつ、少しずつ、イチ、ニィ、イチ、ニィ。
ときどき、気持ちが足より先に進むみたい。転ばないでね。

I held Mayu's hands and made her walk in the house garden.
Little by little, one, two, one, two.
Her mind seemed ahead of her feet sometimes. Don't fall.

Words&Phrase

make 人 *do*：人に *do* させる　*little by little*：少しずつ
ahead of ～：～より早く　*fall*：転ぶ

ママって言えた！　He said Mommy

勇人は今日「ママ」って言った。
ほんと〜にうれしかった！
パパがうらやましがるだろうな。絶対に。

Yuto said "Mama" today.
I was sooooooo happy!
Daddy will be jealous, I bet.

Words&Phrase

mama：ママ　※ちなみに *daddy* の赤ちゃん言葉は *dada*
jealous：嫉妬する　*I bet*：絶対に、賭けても

お花を指さし Point fingers at a flower

明がお花を指さして、あーあーって喃語を言っていた。
「お花」か「きれい」って言っていたんだろうな。
自分なりの興味を示しはじめた。

Mei pointed at a flower and made some baby talk sounds. "Ahhahh."
I guess she was saying "flower" or "beautiful".
She began to show her own interest.

Words & Phrase

pointed at 〜：〜を指さした。*point* の過去形　*baby talk*：喃語

そろそろ卒乳？ Should I stop giving milk?

悠真は大人のものをいろいろ食べはじめた。
そろそろ卒乳の時期かな？
とりあえず、夜中の授乳はやめてみよう。

Yuma began to eat many adult foods.
Is this the time to stop giving milk?
I'll stop giving milk at midnight anyway.

Words & Phrase

stop ~ing：〜することをやめる　*midnight*：夜中

食欲旺盛！ A big appetite!

楓太は食欲旺盛。
ひとりでうどん一杯くらい食べちゃう。
本当に大食漢。太らないでね！

Futa has a big appetite.
He eats almost one Japanese noodle soup (serving) by himself.
Futa is really a big eater. Don't put on too much weight!

Words & Phrase

have a big appetite：食欲旺盛
Japanese noodle soup：そば・うどん　※*udon noodle soup* などいろんな表現ができます。　*one serving*：一人前　*by oneself*：ひとりで　*big eater*：たくさん食べる人　*put on weight*：体重が増える、太る

歯磨きするよ〜 Let's brush!

劉生は歯磨きが大嫌い。
いつも私の足の間に横にすると、口を固く閉じる。
あ〜ん、劉生ちゃ〜ん、お願いだからっ！

Ryusei doesn't like to brush his teeth.
Whenever I make him lie between my legs, he closes his mouth tight.
Open your mouth, Ryusei-chan. Be an angel!

Words & Phrase

brush one's teeth：歯を磨く　*tight*：きつく
open your mouth：口をあけて、あーん　*be an angel*：お願いだから

あれ、好き嫌い？　Are you a picky eater?

さくら、前はなんでも食べたのに。好き嫌いをするようになった。
どうしてニンジンを食べないの？
うーん……様子をみるべきかな？

Sakura ate everything before. Then she began to be picky.
Why you don't eat carrots?
Mmm…should I wait and see?

Words&Phrase

picky：好き嫌いをする　*Mmm*：うーん、などのうなり声
wait and see：様子を見る

着せ替え人形みたい！　Like a dress-up doll!

優奈のお洋服のショッピングは楽しかった。
洋服はみんなちっちゃくてかわいい。
着せ替え人形で遊んだころを思い出しちゃった。

It was fun to go shopping for Yuna's clothes.
All the clothes are tiny and cute.
It reminds me of the time when I played with dress-up dolls.

Words&Phrase

go shopping：買い物に行く　※ *go* ＋動詞 *ing* の形はレジャーの表現によく使います。*Ex. go swimming*（泳ぎに行く）・*go skiing*（スキーに行く）など。
tiny：小さい　*It reminds me* 〜：〜を思い出す　*dress-up doll*：着せ替え人形

お風呂で水あそび
Play with water in the bathroom

陽菜は水あそびが大好き。
今日は、お風呂の中であひるで遊んだ。
ちゃぷちゃぷ音を立てて、あひるを泳がせていた。

Haruna likes playing with water.
Today, she played with her ducky in the bathtub.
Making splashing sounds, she made the ducky swim.

Words & Phrase

play with water：水で遊ぶ　*ducky*：あひる　※ *duck* の幼児語。たとえば *soap* は *soapy*、*dog* は *doggy* となります。
make a splashing sound：ちゃぷちゃぷ音をたてる　*bathtub*：浴槽

ブロック遊び　Put blocks together

優斗がひとりで遊んでいた。
自分でブロックを組み立てた。
まあ、自分でたくさんのブロックをいろんな方向に組み立てた。すごい！

Yuto was playing alone.
He put blocks together by himself.
Wow, he put many blocks in various directions. Great!

Words & Phrase

alone：ひとりで　*put ~ together*：〜を組み立てた。※ *put* の過去形は変化しません。　*various*：いろんな　*direction*：方向

お片づけ cleaning up

美奈におもちゃの片づけ方を教えている。
お人形で遊んだあと、それを箱に入れるように言った。
一緒に「お片づけの歌♪」を歌いながら、お部屋がきれいに！

I teach Mina how to clean up her toys.
After she played with dolls, I told her to put them into a box.
We were singing an "Okatazuke song" while we cleaned up the room!

Words & Phrase

clean up：片づける ※*clean*だと、片付けまで入らずに部屋を掃除したニュアンス。 *put ~ into...*：〜を…に入れる

初めての海！ The very first visit to the sea!

陸を初めて海に連れていった。
最初、とってもおどおどしていた。最後は、海が大好きだってわかったみたい！
遊ぶための砂と水がたっくさんあるんだもん。

I took Riku to the sea for the first time!
At first he looked sheepish. Finally, he found that he liked the sea!
There was plenty of sand and water that he could play with.

Words & Phrase

for the first time：初めて *sheepish*：おどおどしている
found：*find*の過去形。ここでは「見つける」よりも「〜だとわかる」のニュアンス *plenty of ~*：たっぷりの〜

基本構文 P46（*took* 人 *to* 場所　人を場所に連れて行った）

海外旅行にいこう！　Taking him abroad!

海外旅行のテレビ番組を見ていた。
次の大きなお休みに大樹を海外旅行に連れていくことに決めた！
なんだかワクワクする。明日から、旅行に必要なものをみんな用意するぞ！

I was watching a TV program about traveling abroad.
I decided to take Daiki abroad for our next vacation!
It's so exciting! I'll prepare everything for traveling from tomorrow.

Words&Phrase

traveling abroad：海外旅行　*take someone abroad*：人を海外へ連れて行く

飛行機の対策　To take an airplane

友達が飛行機での赤ちゃんのケアの仕方を教えてくれた。
離陸と着陸の間、美麗にジュースを飲ませた。
あと、おしゃぶりを吸ったので、耳が痛くなるのを防げた。

A friend of mine taught me how to take care of a baby on an airplane.
I made Mirei drink juice while taking off and landing.
She also sucked a pacifier so she didn't get an earache.

Words&Phrase

a friend of mine：友達のひとり　※*my friend* とは言わず、こうした言い方をします。*take care of* 〜：〜の世話をする
make 人＋動詞の原型：人に〜させる　*suck*：吸う　*pacifier*：おしゃぶり
earache：耳の痛み

ベビーとの海外旅行

　初めての海外旅行は、1歳ちょうどに行った香港。

　にぎやかな下町をバギーで歩いたり、マカオ行きの船に乗ったり……。どこまで覚えているかわからないけれど、どこか感性を刺激できたらいいな、と。

　旅をする前にあれこれ調べてみると、赤ちゃんにも旅行しやすい工夫がされているとわかりました。

　たとえば、ベビーカーは飛行機に搭乗する直前まで使わせてもらえるし、飛行機では、あらかじめお願いしておけば年齢にあわせてベビーフード、ベビーミール、キッズミールなど、食事も用意してもらえます。代理店や航空会社に問い合わせてみると、思いがけないサービスが受けられることも。

　何よりも気になるのが長い飛行時間。つかれさせたくないなぁ、と思って「バシネット」と呼ばれるベビーベッドを使わせてもらいました。

　飛行機の一番前の座席で、壁についたベッドに子供を寝かせられるのです。

　航空会社や機体にもよるけれど、およそ10キロ〜12キロくらいまで利用可能。上から網を被せるから落ちる心配もなく、場合によっては床にカゴを置いて使わせてくれる航空会社もありました。

　それから、インドネシア、フィリピン、アメリカ、シンガポールと、いろんな国に行きましたが、子どもはどこに行っても「言葉の心配」もなく、すぐにお友達もできるようです。

　万が一を考えて、「離乳食」「スティック・粉ミルク」、それから大好きな「海苔」だけは常に持ち歩きました。食べないときには、これで巻いてしまえばなんでも食べる奥の手として。でも、基本的には現地の食べ物ですべて大丈夫。

　親が思うよりもどこに行っても平気な様子。子供には国境も言葉の壁もなくて、固まってしまった大人よりも、ずっと世界が広いみたい。

　思い切って出かけてみると、子供とパパやママとの関係にも、また新しい面が見えるかもしれませんよ。

2〜3歳

さて、いよいよやってきた「魔の2歳児」の時期。自分の意思が出てきた証拠だから、親としては喜ばなくちゃ……なんて楽な話でもないのだけれど。でも、この時期が一番おもしろいから、日記はネタの宝庫！キレたり、笑ったり、感情表現もあれこれ覚えられるかもしれませんよ。

ついに来た！イヤイヤ期
Finally the rebellious stage has come!

美優は最近、何にでも「いやだ」と言うようになった。
ついに、いわゆる"イヤイヤ期"になったのね。
わかったわ。あなたも成長しているのね。ママも、がまんを学ぶかな。

Miu began to say "no" to everything these days.
Finally she is in the so called "rebellious stage."
All right. You are maturing. I will learn to be patient.

Words & Phrase

these days：この頃　*finally*：ついに　*so called*：いわゆる
rebellious：反抗的な　*stage*：段階　*mature*：成熟する
to be patient：がまん強くある

魔の2歳児　Terrible twos!

悠斗に「おもちゃ片づけてね」と言うと、「イヤ」と言った。
なんて反抗的な！
左足のくつ下を履かせている間、右足を脱いだ。
あーもう、いいかげんにして！

When I said, "Clean up your toys" to Yuto; he said, "No."
How rebellious he is!
While making him put his left sock on, he took the right one off.
Gee…give me a break!

Words&Phrase

terrible twos：アメリカで2歳児をこう呼びます　*terrible*：ひどい
rebellious：反抗的な　*put ~ on*：~を身につける
took off：脱いだ。*take*の過去形　*Gee*：うー、いやだ　※チェッなど、驚き・喜び・落胆などを表す言葉。　*give me a break*：いいかげんにして

服と悪戦苦闘！　Struggling with clothes

今日、陽向はセーターと格闘していた。
腕の部分はふり落とせた。
頭をセーターから出すのは私が手伝った。あと少し！

Today, Haruto was struggling with a sweater.
He could shake off the arms.
I helped him by taking the sweater off his head. Almost!

Words&Phrase

struggle with ~：~と格闘する　*shake off ~*：~を振り落とす
take off ~：~を脱ぐ　*Almost!*：おしい！あと少し！

ママも走るぞ！ I have to run to catch you!

美央はキャッキャッと言いながら歩道を走っていた。
彼女に追いつくために、とにかく走った。道路にはたくさんの車。
明日、走れる新しい靴を買ってこよう。

Mio was running on the sidewalk shrieking.
I had to run to catch up to her. There were so many cars on the street.
I'll get new running shoes tomorrow.

Words&Phrase

sidewalk：歩道　*shrieking*：キャッキャッと笑う　*catch up*：追いつく

クレヨンでぬり絵 Coloring with crayons

大翔は６本のクレヨンでぬり絵を楽しみました。
くまさんは黄色、目は紫色。
まあ、なんて芸術的！　私って、親ばか？

Taisyou enjoyed coloring with a six-color box of crayons.
His picture of a bear became yellow with purple eyes.
Wow, how artistic you are! Am I a doting mother?

Words&Phrase

coloring：ぬり絵　*doting mother／father*：親ばか、甘やかす親

靴が履けた！
Putting your shoes on by yourself!

今日、心美は自分で靴を履いていた。
うーんと、我慢してじっと待っていた。
ついに、履けた！　あら、でも逆にはいちゃったけどねぇ。

Kokomi was putting her shoes on by herself today.
Mmm…I just waited with patience.
Finally, she made it ! Well, you put them on the wrong feet though.

Words & Phrase

put ~ on：〜を身につける　*with patience*：我慢して
finally：ついに　*made it*：成し遂げた。makeの過去形
put shoes on the wrong feet：間違った足に

三輪車に乗って　Riding a tricycle

七海の祖父母が三輪車を買ってくれた。
とっても上手に三輪車にのる。
いっつもベルを鳴らして、出発進行！

Nanami's grandparents bought a tricycle for her.
She rode the tricycle very well.
She always rings the bell and starts riding it.

Words & Phrase

grandparents：祖父母　*ride*：(乗り物に) 乗る　*tricycle*：三輪車
ring a bell：ベルを鳴らす

ふたりでおしゃべり Two of us chatting

優衣はよく私の話をオウム返しに真似をする。
なんでも話せるかのようなふりをするのね。
今日は「ええ、そうねぇ」なんて言ってうなずいていた。おかしかったー。

Yui repeats my words like a parrot.
She pretends as if she can say everything.
Today, she nodded to me saying, "Yeah, I know."
I laughed.

Words & Phrase

repeat like a parrot：オウム返しをする、オウムのように繰り返す
pretend as if 主語＋動詞：まるで〜であるかのようなふりをする　*nod*：うなづく

お手伝い？それとも邪魔？
Helping me? or bugging me?

キッチンで料理をしていた。
葵は冷蔵庫からニンジンを１本持ってきた。
本当にありがとう。でもね、今はニンジンはいらないの。
お手伝いをしてくれた。でも、ホントのところ邪魔だけどね。

I was cooking in the kitchen.
Aoi brought me a carrot from the fridge.
Thank you so much. But I didn't need a carrot.
She tried to help me, but actually, she bugged me.

Words & Phrase

bugged：邪魔をした。*bug* の過去形
brought me 〜：〜を自分のところに持ってきた。*bring* の過去形
fridge：冷蔵庫。*refrigerator* の短縮形

トイレ・トレーニング Potty training

悠太のトイレ・トレーニングをはじめた。
今日は、トイレに連れて行って、5分ほど待った。
初めて、おまるでおしっこをした！時間がかかったけどね。

Yuta starts potty training.
Today, I took him to the toilet and waited for about 5 minutes.
He did pee in the pot at the first time! It took a long time though.

Words&Phrase

potty training：トイレ・トレーニング
took someone to ~：~に連れていった。*take* の過去形
pee：おしっこ。*wee*、*pee-pee* などいろいろな言い方が   *pot*：おまる

おままごと Play house

莉子が翔太くんとおままごとをしていた。
莉子が「あーん」というと、翔太くんが何かを食べるふり。
とってもキュートなママとパパだった。

Rico played house with Shota-kun.
Rico said "Open your mouth" and Shota-kun pretended to eat something.
They were a really cute mommy and daddy.

Words&Phrase

played house：おままごとをした。*play* の過去形
open one's mouth：口をあけて、あーん
pretended to do：~するふりをした。*pretend* の過去形

ぶらんこ、すべり台、鬼ごっこ
Swing, slide and play tag

くるみは階段をのぼって、すべり台をスーッとすべり降りた。
私がくるみにぶらんこをにぎらせて、軽くゆらした。
最後は鬼ごっこ。彼女は楽しんだみたい、私はとても疲れたけれど。

Kurumi walked up the stairs and slid down the slide.
I made her hold on to the swing and I swung it a bit.
She played tag at the end. She seemed to have enjoyed it, but I was so tired.

Words & Phrase

walked up the stairs：階段をあがった。*walk* の過去形
slid down：すべり降りた。*slide* の過去形　*slide*：すべり台
swing：ブランコ　*swung*：ゆらした。*swing* の過去形
played tag：鬼ごっこをした。*play* の過去形　*at the end*：最後に

お稽古ごとしたい？
Do you want to take any lessons?

大地に何か習い事をさせようかと考えている。
大地、何を習いたい？
水泳？ 体操？ 楽器？ それとも…あなたが自分で選べたらいいのにねぇ。

I'm thinking for having Daichi take culture lessons or something.
What do you want to learn, Daichi ?
Swimming? Exercise? A musical instrument? or …I wish you could choose by yourself.

Words & Phrase

culture lesson：習い事　*musical instrument*：楽器

基本構文 P37（*I wish*　～だったらよかったのに）

ちょっと遠くにお出かけ

　ママやパパの実家に帰省したり、思い切って旅行に行ったり……。あれこれ荷物もあるけれど、これもまた楽しい時間。ほんのちょっと前もって調べるだけで、移動だってグ〜ンと楽になります。

　私は仕事の都合もあってよく新幹線を使いますが、ポイントは「サービスルーム」や「多目的ルーム」と呼ばれる、授乳ができる部屋のそばの座席を指定すること。

　長距離の列車には、ほとんどこうした小部屋があり、その周辺は子ども連れに何かと便利。

　授乳や食事がここでできるのはもちろん、おむつ替えシートがついたトイレもこのそばにあります。個室で窓もあるから、泣いたときに部屋が空いていたらここにかけこみます。泣き声も気にせずにふたりでゆったり、快適です。

　こうした車両の乗り降りは、エレベーターに近いことも多いようです。

　冷暖房対策には、私は学生時代に使っていたシルクのスカーフを用意。軽く、かさばらないのに暖かくて、ちょっと肌寒いときに子どもにかけたりしています。

　そして、まだ小さいうちは、窓側よりも通路側がおススメ。どうしてもすぐに立ちたがり、窓の外を眺める時間は案外短いもの。

　泣いたらすぐにデッキに出られるし、あちこち歩きまわったり、物を落としてもすぐに拾える席のほうが、まわりにも迷惑がかかりません。

　車のときには、日よけを用意したり、簡単な移動用メリーをつけたりすれば、飽きたときにも少しは気が紛れます。

　うちは、「Kids Bossa」という子どもの歌のボサノババージョンが大好きで、車の中で一緒に口ずさんでいます。これなら、子どもっぽすぎずに、大人も楽しめます。

　こんな風に、その子が好きで、自分たちも一緒に楽しめるものがあると、旅する時間をもっと楽しくわかちあえるはず。

　誰もが使って便利なサービスを調べたあとは、その子と親子で独自に楽しめる方法もぜひ用意してみてください。

第3章

日常の感情表現

うれしいとき
Happy

うれしい

うれしい。
I'm happy.

言うことなし！
That's great!

機嫌がいい。
I'm in a happy mood.

おもしろそう。
Sounds like fun.

ほっとする。
I'm relieved.

信じられないほどうれしい！
This is too good to be true!

ラッキー！
I'm lucky!

すっごく好き！
I love it!

気に入った！
I like it!

気分の高揚

驚いた！すごい！
That's amazing!

天にも昇る心地。
I'm on cloud nine.

ウキウキする！
I'm floating on air!

かわいい！
You are so cute!

今ハイになっているの。
I'm on a high.

ワクワクする。
I'm excited.

なんてかわいらしい！
How lovely!

楽しかった！
I had a blast!

感動・感心

天才かしら！
You might be a genius!

感動した。
I'm moved.
I'm touched.

あなたって最高！
You are the best!

とってもかしこいわ！
You are so smart!

わー！
Wow!

涙がでた。
I shed tears.

よくできました！
Excellent!

もう最高！
Things couldn't be better!

涙でうるうるきた。
I had teary eyes.

すごい！
Great!

心強いね。
That's comforting.

感心した。
I'm impressed.

すばらしい！
Wonderful!

最高の場所だよ！
There's no better place!

やった！できた！
You made it!

感謝

ありがとう。
Thank you.

そうと聞いてうれしい。
I'm glad to hear that.

感謝します。
I appreciate it.

喜んで（します）。
It's my pleasure.

ここにいられてうれしい。
I'm very happy to be here.

満足です。
I'm satisfied.

会うのが楽しみ。
I'm looking forward to seeing you.

幸運を祈ってるよ！
I wish you luck!

はげますとき・ほめるとき
Cheer up! Praise!

はげます

落ち込まないで。
Don't kick yourself.

がんばれ！
Go for it!

くじけるな！
Hang in there!

大丈夫1人前よ。
You're on your own.

やってみて！
Try!

幸運を祈ってるよ。
I'll cross my fingers for you.

いつでも力になるよ。
I'll be close by.

元気を出して！
Cheer up!

できるよ。
Yes, you can.

あなたの味方よ。
I'm on your side.

よくがんばった！
You did great!

あと少し！
Almost!
Just a little bit more!

元気が出るフレーズ

がんばっていこう！
Just hang in there!

気にしない、気にしない。
Let it go at that.

あせらずに！
Take it easy!

なんとかなるよ。
You can work it out.

その調子で。
Keep at it.

心配しないで。
Don't worry.

がんばれ！
Go for it!

元気出して！
Come on!

きっと大丈夫！
You'll be all right!

なるがままにまかせて。
Let it be.

私がついてるよ。
I'll be here.

ハッピーに。
Be happy.

すべてはきっとうまくいく。
Everything is going to be all right.

ハッピーになれるフレーズ

ひとりじゃないよ。
You are not alone.

疲れたら、休めばいいよ。
If you feel tired, simply take a rest.

雨か晴れかは自分しだい。
It's up to you if it will rain or shine.

自分は自分。
You are the only one of you.

自分をあきらめないで。
Don't give up on yourself.

努力は報われるはず。
Your effort will pay off.

人生に不可能なんてないよ。
Nothing's gonna be impossible.

ほめる

〜が上手なのね。
You are good at〜

とってもやさしいね。
You are really sweet.

いい子ね〜。
Good girl/boy.

〜の才能があるのね！
You have a talent for〜!

すごい！
That's great!

やさしいね！
How sweet!

すばらしい！
That's fantastic!
That's splendid!

驚いた！
That's amazing!

今日はすごくいいね。
You look great today.

とってもいい子ね。
He/She is such a good boy/girl.

なんてすばらしいの！
How marvelous!

あなたって素敵だわ！
You are wonderful!

なんて頭いいの！
You are so smart!

さすが！
That's you all over!
That's just like you!

心が広いですね。
You are open-minded.

期待通りだ！
As expected of you!

あなたってすごい！
You are something!

ステキ！
Cool!

するどい。
That's very perceptive.

外見をほめる

そのスカートよく似合うね。
The skirt looks good on you.

とってもかわいいわ。
You look lovely.

その靴いいね。
I like your shoes.

ちょっといいね！
That looks nice!

カッコイイね。
That's neat.
That's stunning.

やったこと・行動をほめる

あなたの選択はとてもよかった！
Your choice was excellent!

やったね！
You did it!

よくやった！
Good job!

ついにやったね。
You've got it now.

勇気があるわね。
You are so brave.

誇りに思うよ！
I'm proud of you!

とってもかしこいわね。
You are so smart.

その調子。
Keep it up.

おみごと！
Well done!

もうすっかりお兄ちゃん・お姉ちゃんね！
You are such a big boy／girl now!

いらだち *anger*

いらだち

ほっといてよ。
Leave me alone.

ひどいね。
That's terrible.

いやんなっちゃう！
Damn!

ウザイ。
He annoys me.
It's annoying.

大きなお世話！
Keep your opinions to yourself!

信じられない！
I can't believe it!

そんな気分じゃない。
I don't feel like it.

いっつもこうなの！
Typical!

またやったの！
Not again!

ムカつく。
It's disgusting.

うらやましい。ねたましい。
Eat my heart out over her.

いらいらする。
It gets on my nerves.

怒り

頭にきた。
It burns me up.

腹が立つ。
I get angry.

彼に逆ギレした。
I got angry right back at him.

絶対我慢できない！
This is more than I can bear!

怒り心頭。
Hit the ceiling.

カッとなる。
I lost it.
I lost my temper.

もうガマンできない！
I can't stand it!

冗談じゃない！
Don't be ridiculous!

うんざり

うんざりする。
I'm sick of it.

飽きちゃった。
I'm tired of it.

もうたくさん。
I've had enough.

関係ないでしょ。
None of your business.

自分でまいた種でしょう。
You asked for it.

恥知らず。
Shame on you.

うそつけ！
My eye!
You're kidding!

面倒くさい。
It's such a pain.

いい加減にしてよ。
Give me a break.

八つ当たりしないでよ！
Don't take it out on me!

いい勉強よ！
That'll teach you!

悲しいとき・落ち込んだとき
Sad・Depressed

悲しい・泣きたい

泣きたいよ。
I feel like crying.

涙ぐむ。
I'm in tears.

泣きそうになった。
I was almost in tears.

悲しい。
I'm sad.

わっと泣き出すほど悲しい。
I burst into tears.

一晩中泣きはらす。
I cried my eyes out the whole night.

彼の言い方で悲しくなった。
The way he said it made me sad.

深い悲しみを感じる。
I'm in grief.

落ち込み

元気が出ない。
My energy level is really low.

くさってるのよ。
I'm bummed out.

ゆううつだな。
I feel down.

落ち込んでるの。
I'm depressed.

むなしいなぁ。
I feel empty.

気がめいる。
I feel low.

がっかり！
How disappointing! I feel down!

憂鬱

だんなとしっくりいかない。
I'm not comfortable with my husband.

さみしい。
I feel lonely.

すべてにやる気がない。
I can't get excited about anything.

私ったらどうしちゃったのかな。
What's the matter with me.

散々な思い

人生最悪！
My life couldn't get worse!

そんなもんだよね。
That's the way it goes.

ついてないな。
I'm out of luck.

運が悪いな。
Tough luck.

困った！
I'm in trouble! Big trouble!

ダメな日だな。
It's one of those days.

残念でした。
Too bad.

望みがない。
There's no hope.

そういう日もあるよ。
Days like this happen.

しくじった！
I messed up!

ひどい目にあった！
It was awful!

残念。
It's a pity.
What a shame.

さんざんだった！
It was a disaster!

どうしようもない。
I can't help it.

どうにもできないなぁ。
There's nothing. I can do about it.

仕方ないな。
It can't be helped.

街中での困った！

　駅にエレベーターがない、すぐ目の前に段差がある、バスで子どもが人見知りして大泣き、トイレにおむつ替えシートがない、子どもがレストランに入れない！……街の中には「困った」がたくさん。

　だからってお出かけしないのでは、子どもとの楽しみも半減。ママだってたまにはお友達に会ったり、同じくらいの子どもがいるママたちに会わないと、ストレスがたまってしまいます。

　エレベーターがない駅では、基本的には駅員さんに声をかけると、階段の上り下りはお手伝いをしてもらえるようです。そうした張り紙がされている駅もよく見かけます。

　地方の駅でお願いをして心よくお手伝いしていただいたときは、本当に助かりました。

　たいていのデパートには子どもの授乳室や休憩室がありますし、大きな駅には子どもが楽しめるトイレがあったりします。

　エレベーターの位置はあちこちなので、やみくもに探すと大変。でも、今はどこの駅でもエレベーターの位置をホームページなどで紹介していることが多いので、お出かけ前におよその見当をつけておくと、行った先で困らずにすみます。きっと入れないだろうと思うレストランだって、実は子ども用食器やメニューまで用意されていることも。まずは聞いてみるといいかもしれません。

　また、人がいるところで大泣きされることを想定して、その子が泣きやむツボを心得ておくこともおススメです。

　優花の場合は「ケロッとスイッチ」という音楽が鳴る人形が好きで、その音を聞くと気がまぎれるらしく「お〜っ!?」と、おさまっていました。ダメなときには、抱き上げて「あ、あれ！」に「なになに？」と目をギラギラ。これぞ、まさに子どもだましですが。

　あらかじめ調べておくこと、子どもについて知っておくこと……お出かけ先で、少しでも快適に過ごすために効き目アリです。

第4章

日記で使える単語・表現集

ベビーグッズ

部屋の中

よく使う構文

▶ There is／was (a／the) ～　～がある／あった
▶ I used ～　～を使った

ベビーベッド	crib
ベビーベッド・パット	bumper pad
ガラガラ	rattle
メリー	musical crib toy
モービル	mobile
ベビー・トランシーバー	baby monitor
おもちゃ箱	toy chest・toy box
絵本	picture book
おままごと道具	tea set・kitchen set
ぬいぐるみ	stuffed animal
人形	doll
おむつ替えベッド	changing table
おむつ替えシート	changing pad
おむつ	diaper
おしりふき	wipes
おむつ捨て	diaper pail
ゆりかご	cradle
歩行器	walker
おまる	potty
子ども用ハイチェア	highchair
テーブル・椅子用チェア	booster seat
ベビーフード	baby food
ベビーミール	baby meal
	(少し大きくなった子ども用)

粉ミルク	baby formula・powdered milk
哺乳瓶	baby bottle
ストローカップ	sippy cup
綿棒	cotton swab・Q-tip
おしゃぶり	pacifier
歯固め	teething ring

お出かけグッズ

よく使う構文

▶ I went out with (a／the) 〜　〜を持って・使って出掛けた

ベビーカー	baby carriage
バギー	baby stroller
キャリーベッド	portable crib
チャイルドシート	car seat
抱っこひも	sling
抱っこキャリア	baby front pack
おんぶキャリア	baby back pack・baby carrier

小児科用語

アレルギー

よく使う構文

▶ She／He is allergic to 〜　〜アレルギーです
▶ She／He has an allergy to〜

卵	eggs
牛乳	milk
そば	soba
小麦	wheat
落花生	peanuts

大豆	soy beans
かゆい	She/He feels itchy.
湿疹が出る	She/He has got a rash.
痛い	She/He is hurt.
息苦しい	She/He has difficulty breathing.

肌

よく使う構文

▶ She/He has 〜 〜です

肌あれ	coarse skin
乾燥	dry skin
湿疹	(a) rash
アトピー	atopic skin condition
虫さされ	(an) insect sting
おむつかぶれ	diaper rash

不調

風邪をひきました。	She/He has a cold.
悪寒がしています。	She/He has the chills.
体がだるい。	She/He feels dizzy.

気持ちが悪い

乗り物に酔いました。	She/He has motion sickness.
吐きそうです。	She/He is going to throw up.
吐きました。	She/He has been vomiting.

胃・おなかが痛い

おなかが痛い。	She/He has a stomachache.
下痢をしています。	She/He has diarrhea.
便秘をしています。	She/He has been constipated.
食欲がありません。	She/He has no appetite.

頭・顔

熱があります。	She/He has a fever.
頭痛がします。	She/He has a headache.
頭がずきずきします。	She/He has a throbbing headache.
貧血症です。	She/He is anemic.
顔がむくんでいます。	Her/His face is swollen.

鼻と耳

ハックション！	Achoo.
くしゃみをする。	She/He sneezes.
せきをする。	She/He coughs.
いびきをかく。	She/He snores.
鼻水が出る。	She/He has snivel.
鼻血が出る。	She/He has a nosebleed.
鼻が出ます。	She/He has a runny nose.
鼻がつまります。	She/He has a stuffy nose.
鼻血がとまりません。	Her/His nose keeps bleeding.
耳が痛みます。	She/He has an earache.
耳鳴りがします。	Her/His ears are ringing.
中耳炎があります。	She/He has a middle ear infection.

目

ものもらいができました。	She/He has got a sty.
目がかすみます。	Her/His eyes are bleary.
目が充血しています。	Her/His eyes are bloodshot.
目やにが出ます。	She/He has mucus in her/his eyes.

口と喉

喉が痛みます。	She/He has a sore throat.
せきが止まりません。	She/He keeps coughing.

たんが出ます。	She／He coughs up phlegm.
歯が痛みます。	She／He has a toothache.
虫歯があります。	She／He has a cavity.

足

打撲しました。	She／He bruised her／his leg.
足首を捻挫しました。	She／He twisted her／his ankle.
切り傷ができました。	She／He got a cut.

測定・成長

測定

よく使う構文

▶ I measured her／his 〜　〜を測った
▶ I weighed her／his 〜　（重さを）測った

身長	length (height)
体重	weight
頭囲	head circumference
胸囲	chest circumference
体脂肪率	body fat percentage

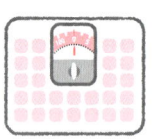

成長

よく使う構文

▶ She／He became〜　〜になった
▶ She／He started／began to do　〜するようになった

| 身長が伸びる。 | She／He grows taller. |
| 身長がXセンチ伸びる。 | She／He grows X centimeters taller. |

体重が増える。	She／He puts on weight.
体重が X グラム増えた。	She／He put on X grams.
表情が出る。	She／He has a facial expression.
～と言うようになった。	She／He starts saying～.
あいさつをするようになった。	She／He can greet people. She／He starts saying "Hi."

体の名称

よく使う構文

- ▶ She／He scratched her／his～　～を掻いた
- ▶ She／He hit her／his ～　～をぶつける
- ▶ She／He patted her／his ～　～を（軽く）たたく
- ▶ She／He rubbed her／his ～　～をこする

体

首	neck
脇	armpit
襟足	nape of the neck
胸	chest
おなか	abdomen・tummy
腰	hip
おしり	buttocks・bottom
太もも	thigh
ひざ	knee
ふくらはぎ	calf
すね	shin
かかと	heel
くるぶし	ankle
つま先	toe

顔

頭皮	scalp
髪	hair
ひたい	forehead
ほほ	cheek
あご	chin

目

まゆ毛	eyebrow
まぶた	eyelid
まつ毛	eyelashes
虹彩・眼球	iris
瞳・瞳孔	pupil

おうちの中

よく使う構文

- She／He tripped over〜　〜につまづいて転んだ
- She／He held on to〜　〜につかまった
- She／He pulled〜　〜を引っ張った
- She／He climbed〜　〜に上った
- She／He broke〜　〜を壊した
- She／He brought down〜　〜を倒した

あれこれ

加湿器	humidifier
除湿機	dehumidifier
空気清浄機	air purifier
冷暖房	air conditioner
観葉植物	foliage plant・leafy plant
花瓶	flower vase

フォトフレーム	picture frame
カーテン	curtain
電気の差し込み	outlet
電気のコード	electrical cord
カーペット	carpet
ソファ	sofa
クッション	cushion
ローテーブル	coffee table
ローチェスト	low chest
テレビ	TV
本棚	bookshelf
ダイニングテーブル	dining table
椅子	chair
子供用チェア	highchair
ごみ箱	garbage can

キッチン

よく使う構文

▶ I used (a／the) 〜　〜を使った
▶ I cooked with (a／the) 〜　〜で料理をした

冷蔵庫	refrigerator
電子レンジ	microwave
オーブン	oven
炊飯器	rice cooker
圧力鍋	pressure cooker
蒸し器	double boiler
ガスレンジ	gas stove
鍋	pan
やかん	kettle
フライパン	frying pan・skillet
中華鍋	wok
フライ返し	spatula

おたま	ladle
ざる	strainer
すりおろし器	grater
のし棒	rolling pin
泡だて器	whisk
クッキーの型	cookie cutter
ケーキの型	cake pan
計量カップ	measuring cup
計量スプーン	measuring spoon

食べ物

よく使う構文

▶ I had／ate ~   ~を食べた
▶ I cooked ~   ~を料理した

主食

ごはん	steamed rice
お粥	soft rice・porridge
パン	bread
うどん	Japanese udon noodle soup
ラーメン	ramen noodle soup
焼きソバ	pan-fried noodles
チャーハン	fried rice
カレーライス	curry and rice
マッシュドポテト	mashed potatoes

副菜

味噌汁	miso soup
焼き魚	grilled fish
煮魚	simmered fish
煮物	boiled, seasoned food

卵焼き	a seasoned, fried and rolled egg・rolled omelette
目玉焼き	a sunny-side up egg
納豆	fermented soy beans
豆腐	tofu・soybean curd
海苔	dried laver・seaweed
シチュー	stew
ポトフ	pot-au-feu

野菜

にんじん	carrot
ほうれん草	spinach
じゃがいも	potato
さつまいも	sweet potato
かぼちゃ	pumpkin
玉ねぎ	onion
長ねぎ	long green onion・Chinese onion
万能ねぎ	scallion
なす	eggplant
ピーマン	green pepper
パプリカ	sweet pepper
きゅうり	cucumber
トマト	tomato
レタス	lettuce
キャベツ	cabbage
インゲン豆	string bean
白菜	nappa cabbage・Chinese cabbage
ちんげん菜	bok choy

肉

牛肉	beef
牛ひき肉	ground beef
牛豚合挽き	ground beef and pork

シチュー用牛肉	stewing beef
豚肉	pork
豚バラ肉	pork chops
とり胸肉	chicken breast
とりの足	chicken legs
手羽	chicken wings

魚介

鮭	salmon
鯛	sea bream
まぐろ	tuna
さんま	saury
サバ	mackerel
いわし	sardines
小海老	shrimp
ホタテ	scallops
カニ	crabs
あさり	clams

料 理

すりつぶす	grind down（固いもの） mash（柔らかいもの）
細かく刻む	cut finely
くたくたに煮る	boil until it becomes soft
切る	cut
細かく切る	chop
スライスする	slice
おろす	grate
皮をむく	peel
あわだてる	beat
かき混ぜる	stir

そそぐ	pour
ゆでる	boil
蒸す	steam
揚げる	deep-fry
炒める	stir-fry
ぐつぐつ煮る	simmer
焼く（オーブンなどで）	roast
焼く（グリルなどで）	grill
電子レンジにかける	microwave

お出かけ先

施設

よく使う構文

▶ I went to 〜　〜へ行った

動物園	the zoo
水族館	the aquarium
遊園地	an amusement park
植物園	a botanical park
テーマパーク	a theme park
科学館	the science museum
プラネタリウム	the planetarium
歴史博物館	the historical museum
博物館	a museum
美術館	the art museum
お祭り	a festival
海辺	the beach

レジャー

よく使う構文

▶ I went 〜　〜に行った・〜をした

買い物	shopping
泳ぐ	swimming
スキー	skiing
スノーボード	snowboarding
スケート	skating
魚釣り	fishing
自転車乗り	cycling
ハイキング	hiking

公園

よく使う構文

▶ I played with〜　〜で遊んだ
▶ She／He played with〜
▶ I used〜　〜を使った

すべり台	the slide
ぶらんこ	the swing
ジャングルジム	the jungle gym
アスレチック	the fort set・the swing set・the monkey bars（the athletic course　長いコースもの）
シーソー	the seesaw
鉄棒	the horizontal bar
砂場	the sandbox
球技場	baseball diamond・ballpark・athletic field
テニスコート	tennis court
ジョギングコース	jogging path

サイクリングロード	bicycle path・bikeway
池	pond
ごみ箱	trash can
ベンチ	bench
水道	tap water
水飲み場	water fountain

家族・親戚

> よく使う構文
> ▶ I met 〜　　〜に会った
> ▶ I talked to 〜　〜と話した
> ▶ I played with〜　〜と遊んだ

家族構成

お父さん	father
お母さん	mother
おじいちゃん	grandfather
おばあちゃん	grandmother
義理のお父さん	father-in-law
義理のお母さん	mother-in-law
娘	daughter
息子	son
お兄さん	big brother
お姉さん	big sister
弟	younger brother
妹	younger sister

親戚

義理の兄弟	brother-in-law
義理の姉妹	sister-in-law
ひいおじいちゃん	great grandfather

ひいおばあちゃん	great grandmother
孫	grandchildren
孫娘	granddaughter
孫息子	grandson
ひ孫	great grandchildren
おじさん	uncle
おばさん	aunt
いとこ	cousin
めい	niece
おい	nephew

ベビーの動作

よく使う構文

▶ She / He　動詞の過去形（現在形）

表情

泣く	cried（cries）
笑う	smiled（smiles）
喜ぶ	was happy（is happy）
しかめつらをする	frowned（frowns）
不機嫌になる	got cranky（gets cranky）
あくびをする	yawned（yawns）
声を出す	vocalized（vocalizes）

目の動き

目で追う	followed（follows）〜with his／her eyes
のぞき見る	peeped（peeps）
探す	looked（looks）for
外を見る	looked outside
じっと見る	stared（stares）
キョロキョロする	looked（looks）around

空を見上げる	looked (looks) up at the sky

口の動き

おっぱいを飲む	nursed (nurses)・breast-fed (breast-feeds)・suckled (suckles)
しゃっくりをする	hiccupped (hiccups)
おしゃぶりを吸う	sucked (sucks) a pacifier
口をあける	opened (opens) her／his mouth
噛みつく・噛み切る	bit (bites) 〜
噛む	chewed (chews) 〜
むしゃむしゃ食べる	munched (munches) 〜
むさぼり食う	devoured (devours) 〜
（スープなどを）すする	sipped (sips) 〜
ゴクリと飲みこむ	gulped (gulps) 〜
飲み込む	swallowed (swallows) 〜
なめとる	lapped (laps) up 〜
ペロペロなめる	licked (licks) 〜
うがいをする	gargled (gargles)
手を洗う	washed (washes) her／his hands

いろいろな動き

首が据わる	held (holds) her／his head up
寝返りを打つ	rolled (rolls) over
うつ伏せになる	lay (lies) on her／his stomach
首を持ち上げる	brought (brings) up her／his head
ハイハイする	crawled (crawls)
つかまって立つ	stood (stands) up holding on to〜
ひとりで立つ	stood (stands) up by her／himself
ふらふらする	waved (waves)
つかまって歩く	walked (walks) holding on to 〜
よちよち歩く	toddled (toddles)
階段を上る	walked (walks) up the stairs
絵本を読む	read (reads) a picture book

テレビ番組を見る	watched (watches) a TV program
音楽を聴く	listened (listens) to music
ブロックで遊ぶ	played (plays) with blocks
ブロックを組み立てる	put (puts) blocks together
おままごとをする	played (plays) house／mother
ボールで遊ぶ	played (plays) with a ball
すべり台をする	played (plays) on a slide／Slid (slide) down the slide
ぶらんこに乗る	played (plays) with a swing
三輪車に乗る	rode (rides) (on) a tricycles
鬼ごっこをする	played (plays) tag
洋服を脱ぐ	took (takes) off her／his clothes
ズボン・おむつを脱ぐ	took (takes) off her／his trousers／diaper
トイレトレーニングをする	is potty training
おしっこをする	pees・took (takes) a pee
うんちをする	poos・did (does) a poo
かくれんぼ	played (plays) hide-and-(go-)seek.
縄とび	played (plays) jump rope.
縄とび競争	played (plays) a skipping race.

子どもの気質

よく使う構文

▶ She / He is~.

元気だ	energetic
おしゃべりだ	talkative
活発だ	vigorous
陽気だ	playful

友好的だ	friendly
やんちゃだ	naughty
好奇心が強い	inquisitive
面倒見がいい	caring
愛想がいい	a happy baby
泣き虫だ	a cry baby
おとなしい	gentle
わがままだ	demanding
気が短い	impatient

なだめる言葉とママの動作

なだめる言葉

よしよし。	There, there.
どうしたの？	What happened?
ママに教えて。	Tell mommy.
おいで。	Come here.
なでなでしてあげる。	I'll pat you.
なぐさめてあげるよ。	I'll make you feel better.
大丈夫だよ。	Don't worry.
もう大丈夫。	It's OK now.
泣かないで。	Don't cry.
かわいそうに。	Oh, poor baby.
がんばったね。	You did a great job!
笑ってごらん。	Smile.
笑った顔が好きよ。	I like to see your smiling face.
抱っこしてあげるよ。	I'll hold you.
強い子だよね。	You are such a strong girl／boy.

ママの動作

よく使う構文

▶ I + (　) + her/him. (彼・彼女) を〜する
▶ I + (　)

あやす	cuddle her/him
ほめる	praise her/him
はげます	encourage her/him
しかる	scold her/him
なでる	stroke, care for her/him
目をはなす	look away from her/him
母乳をあげる	breast-feed her/him
	give breast milk
ミルクを作る	make/formula
ミルクをあげる	give some milk
げっぷをさせる	burp him/her
おむつを替える	change diapers
抱っこする	hold her/him
抱き上げる	pick her/him up
おんぶする	give her/him a piggy-back ride
洋服を替える	change clothes
お風呂に入れる	make her/him take a bath
	give her/him a bath
体を洗う	wash her/his body
頭を洗う	wash her/his head
体を拭く	wipe her/his body
薬を塗る	apply ointment
クリームを塗る	apply body cream
靴をはかせる	put her/his shoes on
散歩に行く	go walking
手をつなぐ	hold hands with her/him
ベビーカーを押す	push a stroller

赤ちゃんにゴハンを食べさせる	feed her／him
大きな子にゴハンを食べさせる	make her／him eat
口をあけさせる	make her／him open her／his mouth
歯を磨く	brush her／his teeth
爪を切る	cut her／his nails
髪をとかす	comb her／his hair
絵本を読む	read a picture book
子守唄を歌う	sing a lullaby
寝かしつける	put him／her to bed
写真を撮る	take pictures
ＤＶＤを撮る	shoot a DVD
写真・ＤＶＤを編集する	edit pictures／a DVD

ママの問題

肩が凝る。	I have stiff shoulders. My shoulders are stiff.
腰が痛い。	I have a low backache.
背中が痛い。	I have a backache.
膝が痛い。	I have pain in my knees.
帝王切開の傷が痛む。	My cesarean scar hurts.
寝不足だ。	I suffer from a lack of sleep. I don't get enough sleep.
太る。	I put on weight.
（腰回りに）贅肉が付く。	I got excess fat (around the waist).
贅肉を落とす。	I get rid of extra fat.
疲れ安い。	I tire easily.

悪露が終わる。	I don't have postpartum bleeding anymore / The postpartum bleeding is finished.
ダイエットをしている。	I'm on a diet.
髪が抜ける。	My hair falls out.
髪が傷む。	My hair gets damaged.
肌が荒れる。	I have rough and coarse skin.
肌がぼろぼろ。	My skin is totally damaged.
湿疹が出る。	I have rashes.
吹き出物が出る。	I have pimples.
しみが出る。	I have age-spots.
くすむ。	My skin is dull.
胸が張る。	My breast is swollen.
胸が痛い（両胸）。	My breasts hurt.
（片胸）	My breast hurts.
母乳が出にくい。	I don't have much breast milk.

■著者紹介

上野陽子（うえの・ようこ）

エディター・翻訳家
娘・優花や家族とゆっくり過ごす時間を楽しみに、仕事と家事をこなす日々。学生時代はカナダやオーストラリアで学び＆遊び、立教大学卒業後、ボストン大学コミュニケーション学部修士課程でジャーナリズムを専攻。通信社の国際金融情報部、出版社を経てフリーランスとなり、雑誌やネットで旅や映画やカルチャーに関する連載なども綴る。趣味と仕事で世界をぶらり、旅した国は40ヵ国を超える。著書に『気持ちが伝わる 英会話のルールとマナー』（日本実業出版社）、『海外ネット通販百科』（日経BP社）、編集書に『プロの撮り方 人物写真』（日経ナショナルジオグラフィック社）ほか多数。
人気ブログ「恋する英語」http://koisurueigo.com 運営中。

英文校正　Carol Jean Sasaki
カバー・本文イラスト　AkihisaSawada
ブックデザイン　Malpu Design（星野槙子）

1日3分！「育児日記」を英語で書こうよ！

2010年4月1日　初　版　第1刷発行

著　　者	上　野　陽　子	
発　行　者	斎　藤　博　明	
発　行　所	TAC株式会社　出版事業部	
	（TAC出版）	

〒101-8383 東京都千代田区三崎町3-2-18
　　　　　　　　　　　　　　　　　西村ビル
電　話　03（5276）9492（営業）
FAX 03（5276）9674
http://www.tac-school.co.jp

プリプレス	株式会社　三　協　美　術
印　　　刷	株式会社　光　　　邦
製　　　本	東京美術紙工協業組合

© Yoko Ueno 2010　　Printed in Japan　　　　　　　ISBN 978-4-8132-3628-3

落丁・乱丁本はお取り替えいたします。

本書は、「著作権法」によって、著作者等の権利が保護されている著作物です。本書の全部または一部につき、無断で転載、複写されると、著作者等の権利侵害となります。上記のような使い方をされる場合には、あらかじめ小社宛許諾を求めてください。

EYE LOVE EYE

視覚障害その他の理由で活字のままでこの本を利用できない人のために、営利を目的とする場合を除き「録音図書」「点字図書」「拡大写本」等の製作をすることを認めます。その際は著作権者、または、出版社までご連絡ください。

TAC出版の書籍について

書籍のご購入は

1. **全国の書店・大学生協で**
2. **TAC・Wセミナー各校 書籍コーナーで**
3. **インターネットで**

   TAC出版書籍販売サイト
   Cyber Book Store
   http://bookstore.tac-school.co.jp/

4. **お電話で**

   TAC出版 注文専用ダイヤル
   0120-67-9625 [土・日・祝を除く 9:30〜17:30]
   ※携帯・PHSからもご利用になれます。

刊行予定、新刊情報などのご案内は

TAC出版
03-5276-9492 [土・日・祝を除く 9:30〜17:30]

ご意見・ご感想・お問合わせは

1. **郵送で** 〒101-8383 東京都千代田区三崎町3-2-18
   TAC株式会社 出版事業部 宛

2. **FAXで** **03-5276-9674**

3. **インターネットで**

   Cyber Book Store
   http://bookstore.tac-school.co.jp/
   トップページ内「お問合わせ」よりご送信ください。

(平成21年10月現在)